品牌思维

六个德国杰出品牌的案例分析

[德] 多米尼克·穆尔特如 （Dominic Multerer）著

马博磊 温 恬 译

北京时代华文书局

图书在版编目（CIP）数据

品牌思维 ：六个德国杰出品牌的案例分析 / （德）多米尼克·穆尔特如著 ；马博磊，温恬译．
—北京 ：北京时代华文书局，2017.1
ISBN 978-7-5699-1355-2

Ⅰ．①品… Ⅱ．①多… ②马… ③温… Ⅲ．①品牌—企业管理 Ⅳ．①F273.2

中国版本图书馆 CIP 数据核字（2017）第 009184 号

Published in its Original Edition with the title
Marken müssen bewusst Regeln brechen, um anders zu sein
Author: Dominic Multerer
By GABAL Verlag GmbH

北京市版权局著作权合同登记号 图字：01-2015-8550

品牌思维：六个德国杰出品牌的案例分析

Pinpai Siwei: Liuge Deguo Jiechu Pinpai de Anli Fenxi

著　　者 | 〔德〕多米尼克·穆尔特如
译　　者 | 马博磊　温　恬

出 版 人 | 王训海
选题策划 | 胡俊生
责任编辑 | 李　强　余荣才
装帧设计 | 观止堂_未　氓　赵芝英
责任印制 | 刘　银

出版发行 | 北京时代华文书局 http://www.bjsdsj.com.cn
北京市东城区安定门外大街 136 号皇城国际大厦 A 座 8 楼
邮编：100011　电话：010-64267955　64267677
印　　刷 | 北京盛通印刷股份有限公司　010-52249888
（如发现印装质量问题，请与印刷厂联系调换）
开　　本 | 710mm×1000mm　1/16　印　　张 | 16.25　字　　数 | 180 千字
版　　次 | 2017 年 4 月第 1 版　印　　次 | 2018 年 6 月第 3 次印刷
书　　号 | ISBN 978-7-5699-1355-2
定　　价 | 58.00 元

目录
CONTENTS

“智慧有时如同安眠药，
让你根本醒不来。”

莱内·卡尔蒙德（Reiner Calmund）

多米尼克·穆尔特如（Dominic Multerer）是一位狂野的年轻作家。通常情况下撰写这种题材的作家都有许多生活或者工作经验。最好还是一位从企业底层晋升到高层的经验丰富的行业领袖。但是多米尼克年纪不大，没有特别的经验，又不是行业的领袖。

→

前言

莱纳·卡尔蒙德（Reiner Calmund）

尽管如此，这些“老东西”和年轻人一起讨论这些观点和话题也并无大碍。多米尼克坚持写简洁明了的文章，在他的营销策略中，他提倡运用一种清晰的、有启发性的观点。他希望不仅能给读者展示一种品牌的思维，还能让人看到企业是如何将自己的能力展示出来的。未来是年轻人的，因此我们要给予他们尊重与耐心。与此同时，我们还能接触许多非常成功的企业家以及他们的杰出案例。

知识就是力量

不管是年长者还是年轻人，他们成功的法则都是一样的：能力加激情！能力代表知识、教育、技能、工作经验、创造力和创新能力。在这里知识是最重要的。然而重要的是要能运用这些知识。仅仅积累知识是没有用的，还要对其有所领会，加以传承并投入运用。成功的前提是每天都学习一些新的东西，因为“知识就是力量”，在21世纪尤为甚之。在从职过程中我感受到：人只有比他人懂得更多，才能走得更远；知识能提供给我们机遇，并指引我们走向一个成功的、发展的未来。

然而单单有知识和能力是不够的，还需要努力地奋斗。因为智慧有时如同安眠药，让你根本醒不来。激情是第二个条件。它代表力量、热情、心血、顾客至上、好胜心以及认同感。

多米尼克——他的青春激发了他。这本书就是最好的证明。我祝愿您愉快地阅读这本书。

亲爱的读者，您选择了一本不同寻常的书。看了几页以后您就能感受到这一点。或者说在翻页的时候就已经察觉到了。

我有意地经常选择一些尖酸的表达，并不是为了要让您生气，而是为了让您在读的过程中停顿一下，然后说：“等一下，他刚刚写了什么？”在我看来，这比只是简单地将我的书通读一遍更为重要。

→

一些写在前面的话

此书由这些德国经济学领域的名人推荐。

托马斯·施泰因（Thomas Stein）

音乐管理人，前贝塔斯曼音乐集团（Bertelsmann Music Group），
即索尼-贝塔斯曼音乐集团（Sony BMG）总裁。

霍斯特·诺伯格（Horst Norberg）

原万得-土星控股有限公司（Media-Saturn-Holding）CEO，现职位不明。

马库斯·兰格（Markus Langer）

在赢创工业股份有限公司（Evonik Industries AG）负责企业销售和公关。

麦克·费希尔（Mike Fischer）

格拉费希尔学校有限公司
（Fischer Academy GmbH in Gera）的创始人和所有者

史蒂芬·N.科尔瑞（Stefan N. Quary）

斯柯达德国销售部总经理。

托马斯·科赫（Thomas Koch）

德国传媒界和广告界最别具一格的策划人。

这本书涉及一些私人采访内容，我将其从口头表述改写成普通的陈述文章。所有内容都得到了受访者的许可。

该书遵循我打破常规的信念。它可以与市面上那些同样探讨品牌和市场的书形成鲜明的对比。与大多数的专业书籍不同，我在一开始的章节里不会解释如为什么我们有左脑和右脑以及为什么我们的大脑那么厉害之类问题，而是会用我个人的观点来描述品牌这个话题。前部分的章节涉及品牌的起源和基础，以唤起对品牌的思维，我将会在其中深入研究品牌是什么以及如何建立品牌。紧接着的主题章节会以特别的观点对品牌进行探讨。您可以在这本书中看到许多你们可以借鉴的实例。我甚至希望，您能尝试一下其中的一些观点。最后，这本书以我的一篇个人陈述作结束。

我有意地不去参照专业书籍，而是将自己的经验与一些我希望能起到效果的实例相结合。只有从这些实例中，我们才能学到东西。这些实例分析有的短小简洁，有的则加以配图；它们来自不同的行业，有的来自一些大企业，有的是一些街边的手工业者。这本书既是写给大企业如总经理或者部门领导这样的企业管理者，又是写给一些中小企业管理者的，因为这些人本身就是品牌。现在正是改变我们观念的时候，只要意识到这一点，就会迎来一个新的开始。

“再来一本关于营销的书？
好的，但是要一本简洁明了的……”

多米尼克　穆尔特如（Dominio Multoror）

我为什么要写这本书？有很多因素使我对此感兴趣。在办公室里，在企业里，在实践中。对此我想摆脱我自己的观点。人们常常只关注事物的表面，却不注意更深层次的东西。这种现象当然不会只有我一个人注意到，然而遗憾的是，很多人对此习以为常，且置若罔闻。

→

没有品牌思维是不行的

我一直在想，是否应该写一本书。市面上已经有许多关于营销的书，为什么我坚持要再写一本呢？那是因为我认为现在应该是抛开表面，研究更深层东西的时候。我喜欢称其为简洁明了的书。

起因是我在11月的一个阴沉沉的日子拿到的一本小册子。那一周过得特别慢，诸事不顺。我的心情就如外面的天气一般。已经连续下了几天的雨。雨滴打到窗户上，沿着窗户往下滑。外面的树都没有叶子，到处都是雨水，同时还刮着一股强劲的风。因此没人想出门。

总是一些陈词滥调

傍晚时分办公室里空空如也。我终于有时间去翻一些专业杂志和报纸，上上网以及关注一下市场状况。我无聊地一本又一本地翻着杂志。到处都是一些无聊的内容——天天都能看到的一些关于市场的内容。比如一些关于社会媒体或者社会责任的话题，都是陈词滥调，也就不会有人对这样的文章感兴趣。重点是，哪些企业家能看懂这些废话？有一本专业杂志上附着一本小册子，标题是《品牌，比以往更重要》。难道真的有人在做以“品牌”为主题的研究吗？

然而这本书的第一篇文章就让我失望。接下来的内容也没有变好。最终我把这本小册子摔进了废纸篓里。“真是没必要”，我这样想。一直都是这样。这些人把品牌当成一种建筑材料——就像是一种根据说明书就能自动装好的毕利牌（Billy）柜子来研究：全部都是些用故弄玄虚的方式写成的与品牌、品牌构造以及品牌管理相关的内容，到处都是繁杂的注释。这看起来就好像是作者想显摆他读过多少书，以及认识多少专家和教授。更让人难以接受的是，每本书似乎都在不断地重复着一些言论，就像是电影《土拨鼠之日》中不断重复的情节一样。如果不是有人在抄袭，难道他们所有人的想法都恰好一样吗?

不管怎样我没有学到什么新的东西。全文显得呆板，就如同一份组装架子的说明书。这样的文章写给谁看呢？我一直问我自己：谁看这样的东西呢？会有手工业者或者一个有着四十多个员工的企业家，在漫长一天的工作后把这样的一本书或者一篇文章拿在手上看，仅仅因为他想在品牌方面做些什么吗？对此我是不屑一顾的。那这些所谓的专家和市场决策者呢？许多人在私下承认，他们也不读这些废话。他们所做的就是将这样的书摆放在书架上，或者是将载有关于品牌的文章且标题非常吸引人的杂志摆放在书桌上。然后，他们通过展示这些书籍来显摆："请注意，我对品牌是了解的！"然而，他们的"了解"不过是一些理论上的陈词滥调。

"来做些什么关于品牌的东西吧"或者"让我们获得更多的关注吧"——一些经常在市场针对品牌这个话题中提及的敷衍的话，就是这样写的。品牌管理开始于一个相应的思维。企业管理人是否能了解品牌的含义及作用，对此我深表怀疑。我经常了解到，在许多办公室中品牌的活动都是按部就班的：安排商标，确定颜色，获得所有权，完成！挂上去！甚至这些所谓的论述品牌的专业书籍对此也是如此定义。这对企业来说意味着什么呢？仅仅对其做形式上的改变就够了吗？答案是否定的。形式、规则、理论，这些对于品牌而言是无足轻重的。最重要的是：自我的思维！

理论阻碍了实践

所有者经常被处于事业发展中的管理者替代

当然，那个11月天的经历并不足以成为我写这本书的原因。我早就对这种每天在市场上发生的弱智现象产生了抵触。观察到的现象使我痛心：品牌被践踏，市场价值被降低，长远的打算变得越来越少且理论取代了实践。企业中管理者越发经常地取代所有者，他们对企业整体发展进行管理。与此相反，所有者就如同这个名字一样，持有所有权，管理者却没有这些。管理者只会完成自己的任务或者只是按正常的进程办事。绝大部分的管理者学的是法学专业或者是长于计算的企业管理专业。他们对计量尺最熟悉，但是对于分类、定位或者品牌很少有独到的见解。管理者与消费者之间的距离要比管理者与生产商的距离大得多。他们仅仅偶尔通过公司的统计报表对此有所了解。我必须承认，万事皆有例外。这些领导层对品牌有所贡献，因此听从他们的想法是有必要的。他们中的一些人将会在这本书中有所叙述。

遗憾的是，我所描述的现象愈发经常地在一些中小企业中显现，这些企业被视为德国产业的支柱。尽管这些中小企业通常情况下在生产、销售以及与顾客的联系上要比大企业更加紧密，但他们中很少有人会从品牌的角度进行考虑。虽然在很多情况下这不是必不可少的。然而我们今天要怎样立足于全球化的市场呢？对于很多所有者或者领导层来说，日常生活中时间太少，以致于他们不能对这种问题深究。最终他们没有形成一种对品牌长期管理和维护的思维。过去一个机械制造者只出售机器，可是今天他必须要在竞争中获胜，使他的（潜在的）顾客对其品牌一直保持好感，刺激他们购买。产品是可以相互比较的——这一点生产者和消费者都知道。只有在竞争日益激烈企业走投无路时，才会想到在品牌上做文章，打破行业常规，彰显独特个性。紧接着也就经常会出现过激的行为。广告与销售相混淆，销售与品牌相混淆，在这方面一直存在这些误解。但是只有在它们起作用的时候，才会有糟糕的结果。

汽车品牌“欧宝（Opel）”就是一个不幸的例子。每个小孩都认识欧宝这个品牌。这样看来欧宝非常“受欢迎”。这里存在一种误解。知名度与品牌的作用——品牌自身的价值相混淆。许多人都认为，一个品牌的价值由其知名度决定。这太肤浅了。相反地，人们应该要问：欧宝这个品牌到底代表什么呢？因为品牌包含了一定的优点和缺点。欧宝品牌有一个主要的缺点，但大部分顾客对此不在乎或者没有察觉到。而这个问题是真实存在的。在过去的几十年里，欧宝没能达到顾客的期望。与其竞争者相比，顾客将欧宝这个名字主要与一些有缺点的东西联系在一起。这跟技术没有任何关系，而只是汽车的外形。致此的原因在于管理和品牌主题的缺失；管理人员经常更迭，随行的职员也因此变化，这使得品牌淡化。不信你随便问个人，新型号ADAM怎么样试试。实际上我觉得这个型号的车很棒。但是，如果有10个人觉得这辆车非常棒，其中可能只有两个会考虑购买。为什么呢？因为欧宝没有一个稳定的品

一个品牌的价值有时被其关注度影响

牌形象。此外，考虑购买还不意味着真的会购买。哪些品牌已经变成像欧宝一样呢？到处都有销售行为，但一个品牌经常不能长久存在。假如一个品牌没有一个出色的品牌核心，那么无论对其如何进行“品牌改革”都是徒劳无功。一个新品牌是唯一可行的出路。但是一定要保持理性。

我已经听到一些人说：“这家伙到底要跟我们讲些什么呢？”因为我从17岁以来一直热情地从事于研究这一主题，所以我自然对此能有所了解，有所感受，有所经历。简单来说，我有实践知识，而且我认为，生活本身是人所能享受到的最好的学校。为了让你们对此有更进一步的了解，我会简单地介绍一下自己。但是别担心，我的简历并不是很复杂。

我对学校一直不怎么感兴趣，因为在那里，我所感兴趣的问题总是得不到解答。我很早就意识到，我的思维方式跟我的同学不太一样。我不会满足于一个简单的答案。我会问，为什么是这个答案而不是另一个呢。好奇心一直在驱使我去探寻，在“怎么样”后面有什么。当我的同学说“这样足够了”，我就知道，在这后面肯定还有更深层次的答案。因此，慢慢地，我有了这样的认识：学校并不能使我进步。我想要出去直面生活！我想亲身经历并深入了解事物。这种动力决定性地影响了我的想法和行为。

我的爷爷是众多因素中对我影响最深的因素之一。他那时是一位瓷砖工人，已经40多岁了。不管怎样，他的“注重实际”的思想肯定对我有所影响。很小的时候，我就在喜利得（德国建筑公司Hilti）的建筑工地上跳来跳去。我在那儿玩得很开心，甚至学到了一些对生活有益的东西：在建筑工地上一切都是有目的的、奔着结果进行的。首先简短地商讨任务，然后就设法弄到所需的东西，最后就开始实施。对此并不召开数小时的会议或者翻阅一堆堆的书来了解所要做的事。在建筑工地上主要适用的就是经验。只有通过“实干”，人们才能获得经验并对此消化吸收。这其中当然也包含错误——他们每天都会发生。这里的人不会因为害怕出错而畏畏缩缩。做吧！最后，人们就能在自己身上看到一个充满经验的、全新的自己。每个建筑工地上都会有一个清楚了解施工计划和整体构架并发号施令的管理者。尽管如此，现场施工准备阶段的自我规划是不容忽视的。

工地的经验

在建筑工地的日子给我带来的影响是深刻的。在表扬和责备之间的转换通常只需要几分钟。为了避免误解：当然要在建筑工地上商量好，接下来的具体步骤是什么，以及出现突发状况时应采取何种措施。与其他许多工作不同的是，这种商讨不会发展成冗长复杂的企业会议。这些繁杂的企业会议并不会对具体的实践进程有所推动，实际上还会阻碍最终的决策。

过多的知识阻碍了简单清楚的决定

许多人会说：“是啊，你说得没错，可是建筑工地是不能与经济领域复杂的决策进程相比较的，后者对此要求更高。”这个说法有一部分是对的，然而还是可以举出反例。过多的理论知识经常阻碍清晰的决定，也就是说产生不良的后果，我赞成这个观点。有时过多的知识抑制了实际的行为。这些我们每天都可以在报纸上或者经济期刊上读到。

由于对学校的样板式教学毫无兴趣，我早早地辍学了。我在不同的职业中做过七八个甚至九个实习工作：厨师、机动车电工、设计师、兽医以及公司管理人。对此我也记得不太清了，只知道：我做过很多实习工作，这些都是义务的，有一部分也在假期进行。最终，我的家人坚持要求我接受正规教育。我便开始了参加成为税务专员的培训——在理论上学习如何正确地解读数字和图表，但少有接触市场和品牌的实战经验。我每天刻苦地学习法规、图表、数学等理论知识。因为大家都认为：必须熟练掌握理论知识。现在回想起来，这倒也没错。可那时的我年少轻狂，就好比别人逼我穿上一件件的夹克衫，别人越是强迫我，我越是想反抗。两年以后我如愿地离开了该培训机构。那时我就下定决心，要走一条跟别人完全不同的道路。我当时的老师也从中获益良多，如今他是我的股票咨询师。尽管如此，在培训机构学到的理论知识也不是毫无用处，我学会了品牌思维方式。同时在股票办公室的工作经验有利于我理解事物发展和决策的进程，使我获益匪浅，但这始终非我所爱。

在培训期间，我发现了自己更加感兴趣的东西。在闲暇时，我常常忙于玩电脑游戏。因此我偶然地与一家丹麦公司取得联系。该公司正好是生产手机硬件的。他们给我推荐了一份在哥本哈根实习的工作。这是我第一份外国工作，也是许多人梦寐以求的。对我来说这是完全意想不到的——以英语四分（在德国实行六分制， 一分表示优秀，六分表示不及格）的成绩在股票培训的一开始就获得了这样一份在丹麦的实习机会！为此，我接手了这份实习工作。

回到德国继续培训学习后，丹麦人推荐我去当他们在德国新建企业的销售主管。对此我毫无损失！我的胜利就在眼前。这是多么有意义的一份工作啊！我必须自己组织、策划方案，负责联系客户。这完全是另外一种思维方式。在这里我只有一个想法，就如同身陷冰冷的湖水里，我别无选择，我只有坚持往下游——去探索。当然这并不是一帆风顺的，也有失败。我没有什么时间来过多思考，我必须在失败中吸取一些新的教训，以完善我自己。同时，就像处于一个鲨鱼池里，我必须十分小心，以免被吃掉。在这方面我比较成功，因为我比鲨鱼还灵活。

实践出真知

与那些学企业经济学的人不同，我手上不会拿着一本笔记本，在上面写着“如果出现情况A，那么就采取B手段”的记录。我用自己的眼睛来看问题，因为我必须很快地培养我对客户和市场的理解。如果一件事情进行得不太顺利，那我接下来就可能试试另一种方式。如果此事顺利，那么我也不会洋洋得意，而是会继续尝试。每一次尝试都能扩充我的知识。这些知识增加了我的经验。然而我的经验的基础是实践，并不是一本写满理论，却没有实践支撑的上千页的书。只有简洁明了的文章才能道出真相。

品牌，我所求

在2008年11月16日，一份商业报纸上刊登了一篇关于我的文章，在里面我被称为“可能是德国最年轻的销售主管”。我自己并不这么觉得。我只是在做一些我自己喜欢的事情。因此，我决定将来做我自己的事，建立我自己的公司。2010年初，我仍旧在接受股票培训。半年后我退出了。自那时起我就在做另一件事。与此同时还为我自己参与了一项针对商人市场联络的培训。为什么是“为我自己？”每个人当然都是在为自己做事情。但我经常有种感觉，许多人是为一些陌生人来做事情的，而这样做仅仅是为了能获得一张上班工作的入场券。所有的这一切，使我逐渐形成自己看待和理解事物的方式。后来，我开始做一些演讲，同时还定期到大学里当讲师。

我走过的路丰富多彩，最终走上了现在这条路。我的想法充满活力：我现在走这条路，假如此路不通，那么我就换一条路。我不钻牛角尖，没有对这些行为进行长时间的思考。慢慢地我就对这些事物有了想法，一种“思维”随之产生。为什么会这样呢？为什么我选择这种方式而不是另一种呢？这会产生什么后果呢？之后，我开始明白，意识的产生还只是一切的开始。因为我越来越倾向于从品牌的角度考虑问题。这使得我必须扪心自问并且思索，我要往哪个方向发展。您在日常生活中肯定有同样的经历：当您对一种情况清楚或者对一种情形有意识时，会做出一个清晰的决定：“我一定要做些什么！”这是一种前后呼应，通常还会产生一种坚定信念的态度。当你们对此有意识时，您会发现，相比于无法清楚知道未来的思前想后的决策过程，您在这种情况下更容易成功。

可惜经常有一些人不相信自己能做出一个正确的决定。在我看来，大多数人都生活在一个“舒适区”。尽管这一行为不太好，但很多人仍旧如此。他们妥协的态度决定了他们的不作为。许多人请其他人来完成具体的实践，而自己却纸上谈兵，袖手旁观。这就如同收集四面八方来的混合粮食，而不是自己耕耘。更有甚者对此还说辞累累，比如“没有人是自己去做的！”这种思想，这种意识，这种行为对自己，对品牌，甚至对顾客都是毫无帮助。

培养思维

人在绝望的时候会敢于面对新的东西。这时才会问自己：怎么走得那么偏呢？哪一步走错了呢？有意识的究根问底可以帮助人找到一条新的路。我们必须坚持下去，因为我们只有这个机会。在这种情况下，我们的动机与其他时候完全不同，因为在其他时候一切或多或少相对顺利。

来自危机的动力

来自困境的动力是很强的。因为这关乎生存和毁灭。当客户或者商业伙伴说：年轻人，你们再这么玩下去的话，就会坠入深渊——不是今天，就是明天或者后天。就像一匹随时都会被宰杀的马。这些建议难道没有意义去听取吗？然而很多企业并没有能明确感受到困难，变化缓慢。他们不明白应该在这些时候停下来花时间去思考，怎样改变发展进程，怎样重新清晰定位自己，或者怎样实现一个目标或者想象。当走投无路时，几乎就没什么时间了，或者说太晚了。意识到了这一点，人们便会拥有打破常规的动力。然而这对我来说是不够的，我仍然需要一个目标，以及一个能在前行的道路上陪伴我的人。

我是怎样培养相应的思维呢？我仔细想了一遍，得出这与经验、阅历和思考相关。孩童时光的每一天都是新的。每天都有新的东西去探索，去体验。好奇心是我的驱动力。去体验和经历一些新事物是我内心的推动力。然而，只有好奇心是不够的。如果我不尝试，那我就会缺少经验。因此除了好奇心，我还需要让我具有尝试新事物的动力。尝试过后我就能收获一些新的知识。我每天都在尝试，这些经历使我内心有所感慨与触动。因此，经历和体验就是打开思维之门的钥匙，思维的巩固需要思考和想象。

在这里“思维”是什么意思呢？这是一个对每个人来说都是数见不鲜的词。而我却在泰国的一次深刻经历中才体会到“思维”的内涵。那时我和一位朋友在苏梅岛旅行。在一条热闹的街上我们看到一些令人印象深刻的场景。你们肯定这样想，天气十分闷热，街上车辆熙熙攘攘，摩托车在其中穿插；喇叭声，叫喊声，铃铛声，到处都是；商贩们用手推车推着或者用一根竹竿扛着货物穿越拥挤的街道；街上的女人叫卖着吃的或者其他东西。他们的一天就是这样度过。但当他们回顾这忙碌的一天时，会觉得这一切都是多姿多彩的。这儿的空气中同时混杂着食物的香味和废弃物的味道。对我而言，待在这儿纯粹是冒险。不过，我非常喜欢待在这里。

在这些商贩、公司白领、骑行者和游客们中间，到处都有小孩跑动。小男孩和小女孩们相互追来追去，试着向游客或者白领们讨要东西。突然我发现不平常的一幕：有两个小女孩向一个刚刚给予她们烟的本地人走去，问了他一些问题；见他摇头后，她们便把一个东西放在他手上就笑着走开了。然后，这位男士看小女孩给他的东西，是一张纸条。他看了一下上面写的内容，脸上突然闪过一丝惊讶和慌张的表情。

游戏继续。这些小孩接着跑向另一个成人，问他一些问题。遭到拒绝后，她们就给这个人一张纸条，然后就跑开了。这个人看完纸条后，表情变得都僵硬了。

在我观察这些小孩期间，我的朋友点了一支烟。出乎我们的意料，一些10岁左右的小孩跑到我们这边来了。她们用不熟练的英语友好地向我的朋友索要打火机点烟，并把一支烟拿给我朋友看。

现在我问您，您会作何反应？在这种情况下您会怎么做？我们先是愣在那儿，就像我们踢伤了一匹名贵的马，当然我们一会儿就打破沉默。我们试着告诉这些孩子，吸烟是不健康的，对孩子有害的，千万不要学抽烟。这两个孩子笑了笑，递给我们一张纸条，上面写着：“关于吸烟这事，为什么你要为我担心？你应该更加关心关心自己！”我们之后了解到，这是一场由泰国卫生部组织的禁烟宣传活动。我保证，假如你们在场，你们一定也会如此惊讶。（参阅章节：《“令人惊讶”原则》）

在广告的海洋中湮没

为什么要告诉您这个经历呢？因为它明确地展示了思维的含义。您处于一条旅行地的街上，对家乡的思念淡去。这条苏梅（Samui）街上的日常生活对您来说是平淡的，嬉闹的儿童也是日常生活的一部分。但是突然发生非同寻常的事，对此您会格外关注。于是您成为了日常生活的一部分，突然间“嘣”的一声，您就碰上这样一件事。纸条上的话使您回忆起自己日常生活的行为，突然对一件平时毫不关心之事产生印象。在所有香烟盒上都会有“吸烟有害健康”的提示文字，然而没人会注意到这句话。

如果您自己都对此没有意识，您如何能顺利地向他人做出自己的宣传呢？单单在一个香烟盒上写上提示文字显然是远远不够的，问题要通过行动来解决。您向别人阐述您的“这种担忧”，然后让别人来解决。对此，当然会有专业人员、代理人和公司等熟悉这领域的人才。一段时间以后您发现，这相对地没起什么作用。可能你们还会发现，你们在各种广告宣传的浪潮中被埋没了。作为企业家，你们会因宣传太少而不被关注所烦恼，而作为顾客你又会对这些广告产生麻木。

“我们在人们的大脑中填满太多各种各样的广告，以至于他们开始讨厌我们。”[1]——您想要这样？不，既作为顾客又作为企业家，您也不想看到自己的钱被白白浪费掉。可是这种在广告投资上的挥霍已是家常便饭。生活中我们看到太多让人不感兴趣甚至厌恶至极的广告。于是我们就形成了一个对广告的自我免疫系统：如果该广告与我无关，那我就不去关注它。但这种所谓的对广告的自我免疫系统又可能产生一种消极结果，比如我们因为一个广告的“包装”或者“装饰”不好看而不关注它，但该广告上或许就有我们需要的信息。而作为品牌的我们就成为了这种免疫系统的受害者，既浪费了

大量的广告

① Frédéric Winckler，参阅：http://www.wuv.digital/wir_stopfen_den_menschen_so_lange_werbung_in_den_hals_bis_sie_uns_hassen.

时间，又浪费了经历，最后落得吃力不讨好。这是我写这本书的另一个原因。

假如我的品牌广告不受欢迎甚至无人问津，那么作为品牌管理者的我又有何利可图？为何我要从事品牌管理？是为了博得名利？如果是这样的话，那么为何那些非常知名的品牌还要制作广告呢？我在上文中谈到欧宝汽车。欧宝的确是非常知名的品牌，可是欧宝却缺乏体验度。假如我自己都不清楚自己的定位，那么我如何能给予顾客以体验度呢？知名度和体验度的关系如何？许多人知道联邦总统是谁，他有巨大的知名度，他就能给予我们体验度吗？在泰国的那次经历就是一个纯粹的例子。在作为品牌的我被别人体验之前，我先要对自我拥有一个清晰的意识。

为何是品牌？没错，因为它非常酷。因为我想获得经济利益，我想博得关注，我想比别人拥有更多的蛋糕，更多的市场份额。因此我成为一个品牌，并且对未来有一个明确的展望；但假如没有对自我的感受，没有对自己发展目标的意识，那么我就很难使他人对我有所感受。

旁观者的视角

假如一个人缺乏对自己及自己发展目标的意识，那么，他怎样对别人推销呢？请您想象一下：你在一个十字路口感觉身体不适，但您不去理疗室直接跟理疗师说“来帮我看看”，而是去医院检查一下身体。只有当医生把您转到理疗师

最好通过旁观者的角度

那里之后，才会是理疗师的工作。我们对这种步骤都习以为常，因为这是合乎常理的。品牌亦是如此。通过检查获得结论，哪里还有不足，哪里需要改进。这一切最好由一个旁观者来决定。自己的视线总是有限的。人们对自己很难有一个客观的观点。相反一个旁观者是不受限制的，所以应该由他来分析和商谈每一步由谁做，怎么做。

一个旁观者必须要有像品牌思考者那样的谋略，因为他们的委托人了解他们的能力。一个外部的伙伴无需对该企业的每个细节都洞见底蕴。但他必须对此有所理解，为何其委托人采取这种行动。他必须理解委托人的动机与目的，且如委托人般思考。一个聪明的做法是，服务商不把自己看作是一个咨询师或者商家，而是一个陪练。这种“陪练”活动的核心就是发展客户关系（这里的客户指的就是企业或者品牌管理者，他委托代理商即“旁观者”来对其品牌宣传和发展做构思）。

一个陪练或者说拳击伙伴（Sparringpartner）需要做什么呢？许多人仅将其理解为体育运动上的打拳击或者说“打眼睛”，这是不对的。Sparring这个词来源于英语，意思同“与他人一起探索”相近。这是一种特殊的运动模式。现实中的体育竞赛借鉴于此，但是为了避免比赛双方受伤，比赛规则相应有所改变，以更适应比赛。企业也应该采取“陪练”这一概念。代理商是企业的一个完美陪练。他也能帮助客户做一些具体实施方面的工作。当然，代理的首要任务是帮助客户有策略地对品牌进行加工。他帮助客户在品牌宣传中突出重点，有效地控制偏差。在具体的实践中作为旁观者，他也能有所帮助。虽然不是必需的，但不管怎样他会一直伴随在顾客左右。

这可以跟造房子相比较。造房子时建筑师和总承包商是紧密联系的。在房屋建造时这毫无问题，但在品牌上并不都是这样，尽管二者有许多关于建筑的相同概念，比如“品牌顶部”或者“品牌结构”。在品牌上还需在企业中做出解释工作。涉及品牌活动的问题，必须有代理商解释清楚。许多人宁愿出售“窗口”（大约是一种宣传册或者一个Facebook页面），而不去说：“我首先要了解在何种基础上建造。”这是一条通往未来的路。

此外，在品牌上的投入与良好的实用工具同等重要。它不仅涉及到实用工具，还有企业的基础。品牌决定了公司的日常商业进程，如与员工的相互交流。它促使企业去选择特定的代理商。

与此同时人们的想法也在朝着这个方向转变。倘若深加阐明，那么会有越来越多的委托人接受这些新改变的角色。许多委托人的角色看上去已经不像一个普通客户，只是以低廉的价格换取服务并在结束后对服务进行评价。他们甚至如同伙伴一般积极参与合作（参阅《“精彩内容”原则》章节）。在这本书中您将看到其中一些委托人的案例，同时还能了解是什么引起了他们的观念、态度和行为上的改变。

我将在此书中循环渐进地带您走进品牌的世界。您将了解，如何产生品牌思维，如何在各种品牌中突显自我，为何需要在品牌上打破常规。同时此书中还有一些我提出的品牌原则，通过这些原则，品牌最终可以做到彰显个性。

摘要

通过上文的指引，我希望您能提出一些问题，一些引人深思或者称奇道绝的问题。为了成为品牌或者实现品牌，您要做到如下几点：

→转变思想

→对下文引用的具体案例多提问题

→培养思维，懂得认识是无止境的

→有好奇心

→尝试着去做

培养您的意识，认识您自己，懂得您要做什么。

我尝试过许多事。有些迅速成功，有些较晚成功，而有些根本与成功无缘。但是，只要我尝试过，我的行为对外物有所改变，那么成功与否就不足挂齿。因为我通过尝试已经获取新的认识。而倘若一个人胸无大志，碌碌无为，那么一切都将是徒劳无功。

"倘若每个人都千篇一律地做同一件事，
那么这一件事就会变得不稀罕起来。"

多米尼克·穆尔特如（Dominic Multerer）

我们先来寄一张复活节贺卡。

几乎所有人都会在圣诞节寄贺卡，因此我们所有人都会收到一堆祝福圣诞庆贺新年的贺卡。但是，您在第二天还记得，都有谁给您寄了贺卡吗？对此，恐怕您再怎么仔细地回想，也肯定会对绝大多数人记不起来。这个简单的生活情形表明：倘若每个人都千篇一律地做同一件事，那么这件事就会变得不稀罕起来。

→

从思维到实践

不过，您是否收到过一张复活节的贺卡呢？没有？为什么没有呢？没有人寄呗。同样地，我们也难以解释为何不在万圣节寄贺卡。这看起来似乎是个传统。这种行为是禁止的吗？没有！人们只是不这样做而已。当我给您寄一张复活节的贺卡时，我的贺卡会在这些邮件中非常显眼。您肯定会记得：是的，那是不寻常的东西。为什么会非常显眼呢？因为这不寻常，打破了交流的常规。我敢于做一些别人不做的事。我使自己与众不同——不同于大众。

购买我吧！

这种行动需要的投入很少。您所需要的东西就是一张卡片，一段很棒的话和一个信封。最后，在一个令人不可预见地日子里出人意料地寄出这张贺卡。收件人会非常地惊喜（参阅章节：《“不可预见”原则》）。这种事每个人都能做，不需要投入很多。我们只需要有一个想法，然后再实现这个想法——就是去实践。

为什么我们要这样做呢？因为我们需要关注度。广告活动如同交流一般，带着一定的目的性，期望对人们产生深刻的影响。这就是说，我们希望通过交流达到某种特定的目的。为了实现一场交易，需要创造一定的吸引力。广告的魅力在于，在一个正确的时间点表达出我们心中的想法和愿望。不过这还不是最终目的，最终目的是唤起顾客对该产品的购买欲。原则上近乎所有做法都是可行的。

可口可乐是个家喻户晓的品牌，它就展现了交流是如何起作用的。从外表上看，可口可乐就是一种棕色的糖水。这种描述当然不足以吸引人。但是可口可乐在几十年里做到了将情感带入产品："敞开心扉！"可口可乐作为一种饮料，在日常生活中的作用相对不大，然而它却成功地卖出了上百万份。比如在引人注目的圣诞节大卡车上或者在夺人眼球的足球世锦赛中等穿插广告，在这些正确的时间点里博得众人的关注。如此，品牌就被感受到。这可不仅仅是一句口号就能实现的。

一切同大众、同常规区分开的事物便引人注目。当观察一个正在游戏中的孩子时，就能最容易地理解以交流为基础的过程。大部分成年人拘泥于这些规则，比如"人们不做这个"或者"这总是这样的"。他们执拗于惯例和偏见中。他们的想法也是如此。相反，对孩子来说，每一天，每一小时和每分钟都是新的，永远都有新事物去探索。

许多目标都被称为不可完成的想法

好奇心激起孩子们对游戏的兴致。游戏只是一种尝试或者"做"。孩子们玩游戏时能从中收获一些积极抑或消极的经验。如果这个游戏不好玩，他们就把它抛到一边。假如孩子在游戏中获得积极的体验，那么这种积极的体验就能驱使他们继续玩这个游戏。他们从中收获体会，明白道理。兴趣是最好的催化剂，好奇心则是打开知识之门的钥匙，是学习的第一步。新汲取的知识令我们置身欣羡之中，聪慧就从惊讶与欣喜中诞生。而在故步自封的过程中，我们则不会变得聪慧，虽然在这种情况下我们更能获得安全感。毕竟新事物有其不可预见性，也就让我们身处于"因循守旧"和"推陈出新"两种极端之中。渐渐地，人们明白，两种极端皆有其劣势，因此多数人干脆变得碌碌无为，平平庸庸。好奇心是这种无为状态的解决良药。它直接要求打破常规！敢于面对新事物的人，也有勇气和信心去超越极限。他必须突破极限——否则这就不是新事物，而是人尽皆知的东西了。

史蒂夫·克勒格尔（Steve Kroeger）

“假如有一天我变得有钱……”您肯定经常听到这种话。这不是一句简单的话，而是表明一种未下决心的姿态。表面上看表达了一种愿望，但这个愿望是跟某些条件联系在一起的，这样表达使这个愿望听起来就很难实现。许多目标也是这样表达的。如果著名的登山运动员莱因霍尔德·梅斯纳尔（Reinhold Messner）放弃踏出登山的第一步，在没有供氧设备的条件下，就不可能登上8000米的高峰。

我的发言人同事史蒂夫·克勒格尔（Steve Kroeger）也是极限登山爱好者，他已完成他的7—SUMMMITS（七个最高点）计划，即登上所有七个大洲的最高峰。史蒂夫不仅是个运动员，同时也是一个心理教练。他将自己登山的经验运用到研讨和报告中。他曾告诉我：现在许多人喜欢在山里度假，他们通常会待在山谷里，从山谷里朝山上仰望，欣羡于山上的美景。他们可能会说：“多美啊，我也想上去看看。”然而他们之后却没有实现这个想法。问他们为何不试着上山去瞧瞧呢，回答是五花八门的。比如说：假期快结束了，没有带合适的登山鞋，妻子害怕登山，等等。借口和理由总是五花八门的。这些人的态度就跟那句话“假如有一天我变得有钱……”的性质是一样的。为什么许多人将自己的愿望同不可能实现的想法联系在一起呢？原因是不尽相同的。因为人们经常害怕去越过某一条特定的界限。他们经常缺乏自信，或是害怕失败，这些都是他们前进的阻力。害怕的形式总是多种多样的。新事物总是有一定的风险，因为它们是陌生的，带有一定的不可预见性。

没有计谋就等于自尽

我最反感有些人，他们喜欢大放厥词——为了博得眼球。我们都知道一句话是，“会叫的狗不咬人”。我指的就是这种人。他们只是在叫，却什么也不做。与那些总是犹豫不决的，寻找借口的人不同，这种人没有想过要实现自己的承诺，他们要的只是显扬自己以博得关注。而那些犹豫不决的人虽然胸有鸿鹄之志，却找不到大展宏图之法。他们动辄缺少想法，抑或缺乏动力。这些人没能意识到自己的愿景。若他们意识到自己的想法，就能找到一条实现自己目标的路。

史蒂夫在30岁之前不曾有登山的经验，如今却有登上这七座高峰的想法。不过他没有一直停留在想法中，而是直接付诸行动。为了登上每个洲的最高峰，他做足了准备。他问自己：我真的要去吗？我做好准备了吗？我做好超越自己极限的准备了吗？我有顽强的毅力和良好的身体素质吗？如果失败了会怎样呢？我能胜任吗？对此，他做了充分的心理准备，以实现自己的目的。登山是怎么样的呢？哪些月份是登山的最好时节？天气怎么样？周围环境有何特点？山上的岩石是松动的还是坚固的？山上的冰雪看起来是怎样的？还有一些关于登山器材的问题：绳索、鞋、食宿、挂钩、背包等等。另外还有一点很重要：如果和他人结伴同行，这是否有利于团队相互协作？在开始这次登山旅途之前，他在脑子里一遍又一遍地筹划登山的路线。他思考自己如何最完美地登上山峰，以及登上山峰需要几天。尽管他非常专业，但还是想好了一个B计划。尽管做好了充足的打算，在山上仍然有一些不确定性存在，并且登山的进程不是总能预见的。比如说天气可能骤然突变。假如没有露营的地方，那就只能下山，等下一次再来试。莱因霍尔德和史蒂夫就是如此，他们尝试，坚持，直至实现自身设置的目标。倘若期间遇到挫折，他们就从头再来。

长期战略

假如他仅在嘴上说："每个人都必须这么做!"那么他不可能实现准备了七年的7-SUMMITS计划，这个想法也就只能成为一个幻想。实现想法的第一步就是意识到自己的想法，下定"我要做这件事"的决心。在分析这一想法的同时，史蒂夫还考虑到一些潜在的危险。为了安然无恙地完成自己的登山处女秀，他需做好充分的准备，想好行之有效的策略。行动前的计划使其对行动更为明了。万事俱备后，他才同他的伙伴们踏上登山的第一步。在登山途中，他也清楚可能会发生一些意料之外的事。虽然他并不能预测这些意料之外之事将以何种形式呈现，但是，他能事先预料到一些"可能发生的事"，就会严阵以待，从而不像那些毫无准备之人那样遇到不测时惊慌失措。没有一定的策略，登山就恍如儿戏。

这个例子表明两点：其一是，人们要在实现自己想法的道路上跨出第一步；其二是，人们需要长期的策略。在品牌的思维上与此无异。您两年后的目标是什么，您在2017年的目标是什么，以及在2020年您想处于什么位置？假如我的目标是使自己的擦窗公司成为全市第一名，那么这就是一个轻率的想法，就如同毫无准备就去登山。也许我在面对潜在的危机时泰然自若，但是市场的变化会令我惊愕，因为市场的价格随时可能下降或者上升，顾客的期待值可能随之发生变化。或者市场供过于求，出现比预计更多的擦窗工人。这些都是绊脚石，因此我在行动之前就要对其有所预计。

考虑并利用挫折

为了实现我的目标，我需想出行之有效的策略。其间可能会有挫折或者失败，但这都不是放弃的理由。相反，这些挫折和失败成为激励我继续向前的动力。我还需有意识地问自己：失败的原因是什么？是否有所疏忽？可否做得更好？最后，这些思考也属于品牌。

讲述一个故事

定位也是品牌的一个重要成分：我如何填充我的品牌？一个可能的答案是：我是一名擦窗工人，我有一个关于擦窗的独特想法。倘若我要实现这一想法，则需将自己同其他擦窗工人区分开来。我需与众不同，我需彰显个性。为此我要下意识地选取一些能够代表我个性的标志，才能在其他擦窗工人中独树一帜，这样我才能使自己成为全市最有趣的擦窗工人。如此一来，我就获得了品牌思维。

这一想法可以通过最简单的方式实现。比如：一个擦窗工人将他的个人信息和联系方式用一种非常招人喜欢的方式发布出去。对此他深思熟虑，每天都密切关注市场状况。一般人或许只会用一份单调的透明信封，或者干脆就是一张简单的A4纸。他们压根不知道，一个色彩鲜艳的信封更能夺人眼球。不过一些严肃的人也不会把信封的风格跟一个特定的企业相挂钩。而这个擦窗工人则充分利用自己观察到的市场信息做到了这一点。他请别人画一幅插画，插画上展示了一个擦窗工人工作的形象。然后他将这幅画印在自己的信封上。这个擦窗工人站在梯子上擦窗的图，从信封边缘一直延伸到地址透明方框。这一策略简单又不失特色，容易吸引他人。他讲自己同其他邮件区分开，因为他的信封就跟其他邮件不一样。这也是品牌定位的一部分，它的方向正确，不是盲目的行为，而是符合市场的要求。

只有重要的事物才能引起注意

不寻常的行为总是能获得关注。不论我是否登上一座山或者我是否用特别的方式设计我的商业信件。我有意在此处留了一点空白，因为这是关于“重要性”的问题。这个问题我在这里先提到一点，我将在书的后面部分继续深化。我们要考虑到，自己所做的自认为特别引人注目的事，可能在别人眼里不值一提，只是自己的一厢情愿。当顾客手里忙着别的事情，那么我对他而言也是次要的。我要尤其关注这一点。

上面所讲的例子，实际上已经是一个经典的案例了。在圣诞前后，人们往往会收到如圣诞贺卡、广告手册、广告单之类的邮寄物。其中也会出现一些广告卡片：“不必再为复活节的预定所烦恼，我们给予您巨大的折扣！”人们处在一个圣诞节熙熙攘攘的人群中，有许多计划和事务，需要为客户和家人准备礼物。此时还问他复活节的事，假如您是一个潜在的客户，会不会感到惊讶？也许会。在此刻，这个卖家对被视作顾客的您来说是重要的吗？不！您会记住这个信息吗？肯定不会！

重要性可以多种形式出现。它可能是不同的成分，比如娱乐、信息或者是交流。一些标志比如颜色、材质或者气味也可以影响重要性。假如这些成分以“错误”的关系在内容上显示出来，那么它们就会变得不清楚、单调或者无聊，就会影响其关注度。

当然，这取决于故事的内容。某人登上世界最高峰，这就是一个关于他的故事。当讲到有人登上了所有七个大陆的最高峰时，这才是真正能引起注意的内容。对擦窗工人的信封的反应就没有如此轰动。这是由事物本身的惊喜程度和重要性所决定的。可能您觉得这个信封很有意思，您想要跟您的秘书说：“很有趣，不是吗？”两个例子性质不同，但都非常有意义。

内容的目的：娱乐、告知或者进行交流

在内容上我要达到三个目标。首先内容要使人们感兴趣。其次内容要向人们传递信息。第三点是，做到与顾客对话。我与人们交流。关于这几点目标，都要对他人产生影响。问题是如何能对他人产生影响呢？这取决于我的关注对象：我和谁进行交谈？和一个开车的司机还是一个自行车骑手？二者都是交通参与者。我的内容可以相同，内容的呈现却可以完全不同。另外一个话题是相互尊重，这是经常被人们所忘记的。这种场景在生活中是司空见惯。比如您遇到个人，他开始不断地跟您废话连篇。尽管如此，您还是有礼貌地洗耳恭听。突然，这个人转身走了，留您一个人在那儿傻站着——正如许多广告商做的那样。这既不尊重其顾客，又浪费了自己的时间。

一个优秀的故事由什么组成？第一，应顾客的需求。作为故事讲述着，他的想法相对不重要。我喜欢什么并不重要，重要的是我的目标群和客户喜欢什么。第二，简洁明了。一个好的故事不能复杂，而是要将顾客引入这个故事中，并能在听完这个故事后身临其境地转述。第三，在一个童话、一个故事中什么是必不可少的呢？主角！主角是故事的基本组成部分。在您的故事中，主角就是品牌。假如您的品牌中没有这三个“故事”，那么品牌就没有一个“精彩内容”，品牌就会崩塌，就将不受关注。

我要告诉顾客什么

太阳能在过去的这些年中作为能源的新选择，不仅仅在专业报刊上被大力称赞，一些公司也在开发这方面的技术空白。通过越来越火热的对能源的争辩，越来越多的人和公司都在考虑太阳能是否对他们来说也是一种选择。一些企业抓住这个新的利润增长点，开始在市场上投放广告。除了技术细节外，他们将广告的要点放在能源节约上。然而，对用户来说使用太阳能的困难之处在于，除了要付出2万元甚至更多的投入外，其节能的效果要多年以后才见到。撇开其他因素不讲，这就直接导致了顾客对其兴趣锐减。

作为一个消费者我可以随处节约。每周我都会收到一些宣传特价商品的广告。虽然这跟能源投资无关，但是其吸引点同样也是“节约”或者“节省”。在购物时，我不由自主地意识到自己在节约。我节约购物，是为了在买完商品以后还能用省下的钱来买一杯卡布奇诺犒劳自己。帮助我节省的核心要素就是该廉价品的品牌。然而在上述太阳能设备上就缺少这一核心。首先我必须要向这个品牌投入2万欧元或者更多，这对一些普通家庭来说是笔不小的数目。尽管该品牌承诺我的投入会有所回报，但是这一节省的效果要等到10年甚至20年以后才能看到。长远来看，这实际上并不节省。这样一来，顾客反倒会觉得，不去投入这笔钱才是真正的节省。假如转变表达方式，改变“讲故事”的方式，就可以在消费者中创造出完全不同的想象。这个“故事”可以这样讲：“我们的设备给予您自由。我们从今天开始就为您提供不依靠能源公司的机会!”这个故事就从“小偷”转变到英雄上来了，这个英雄把我从能源怪兽的魔爪中解救出来。因此我就不需要等上十年十五年。最晚在装修工来到房顶的时候，我就自由了！这样，就产生了一个完全不同的经历。

我们如何转变一个故事？答案很简单：是什么，为什么，怎么办。是什么？一个太阳能装置。为什么？有了它您就能独立自由，任意地用自己的电了。怎么做？安装到房顶上，固定好就行了。在当今社会，自由和独立是最重要的。

品牌是一切的源头

内心的态度是转变思考方式的关键。这涉及一切，最终也影响到品牌。我很清楚我在重复一些要点。而我之所以这样做，是因为这很重要：品牌这个话题是一切的源头，市场收支、职工、投资、商品、伙伴、市场，最后是广告。品牌不是可有可无，不是胡扯。品牌纯粹是我自己的生意目标。然而许多人只是随意地做品牌和销售。当绝大多数人都随意地做品牌时，那么我也对此采取随意的态度。这是我们所有人一致的想法，也就是从众心理，随波逐流。然而我想问：“当所有人都从高楼上跳下来，你也跟着跳吗？”反对我的人会说：“这两件事有何干系呢？假如所有人都这样做，我也不一定会这样做！”

需要勇气来越过界限

多数人的行为似乎决定了市场的规则。假如所有人都做得一样，那这就是规则吗？规则是什么呢？是谁提出来的呢？谁说我不能打破这些规则？假如我没有自己的想法或者我的想法不明确，那么我应当如何理性地创造我的品牌呢？只有当我真正地意识到行业游戏规则，才会产生打破常规的意识。我会思考，这些规则是否符合法律法规的本意，或者只是一些懒惰之人不思进取的因循守旧。只要我的活动符合一定的法律框架，我一定能打破常规，超越极限。我所需要的只是彰显个性的勇气。

首先要解决认识问题。几乎没有人花时间通过思考和想法去有意识地研究。在大公司中，思考绝大多数是周期性的行为。在中小公司却有一个传统，就如这句话“我们一直在做”，尽管这些中小企业在产品、客户、目标群和历史上都比较弱小。在德语区有一种想法占优势：如果产品质量好，销售和品牌就几乎完全起不到作用。这种想法在很长时间都是正确的，都能取得成功。但是现在，由于市场越来越紧密，国际产品质量可以比较，单单质量好是不够的。为了能在市场上保持优势，企业需要考虑的应该更多。这也与思维有关。

一个外部伙伴参与的重要性在公司或者大企业中愈加地明显。但是当这个旁观者自己没有培养一个相应的思维时，该怎么办呢？这些顾问——我指的是中介公司和市场负责人，该怎样传递他们的想法和构思呢？这好像您想要考驾照，因此去找驾校教练，但这个教练尽管有一辆驾校的车，然而他自己从来没有接受过驾驶培训。从他身上不能得到帮助。

在顾问和客户之间的关系中，语言也是很重要的。这些顾问经常用一种客户听不懂的话与其交流。有些表达如“我们要使我们犯罪”，会使一个上了年纪的木匠或者一个工程师听不懂。“我们用另一种方式展现您的公司”，一个来自中等企业的生产特殊部件的工程师听到这种话会无语。除了对自己的意识，还要有一个对客户的意识。我的想法不重要，客户的思维方式才是重要的。这样我的工作就会相对减轻。

在中小企业中还有一个困难。他们看不到多彩的“距离，广告，世界”的关系。当提到一些企业如奥拓、红牛、麦当劳，或者德国铁路，他们对此根本不了解。这些大企业跟他们相距甚远，并且是不同的经济规模。尽管如此，一个中等企业也可以向这些大企业学习。企业的规模是不重要的。企业的运行机制，“怎么做”才是重要的。这里有一个例子可以将这个内容解释清楚。

一个瓷砖工人和赫尔穆·特斯密特有什么共同点

为什么要人们读拿破仑，赫尔穆·特斯密特或者史蒂夫·乔布斯的传记呢？一位老爷爷可能会说：“我为什么要读这本书呢？我是个工匠，不是什么统帅！”尽管如此，还是有很多人读这些故事。有一些人读这些传记用来消遣。另外一些人对其中的“怎么做”感兴趣。比如乔布斯是怎么把一个小公司变成一个世界级的企业？我怎样从他那里学到些东西？我可以将其用于我自己的公司吗？在许多著名企业或品牌中这是可行的。通过一个竞争对手的帮助就会容易得多。一些对此了解的服务供应商把一些行业联系在一起，帮助和陪伴客户去开发新产品或者研究其特点。重点是说明，为什么有些东西可以在一种情况下行得通，在另一种情况就行不通。如果有很多具体例子可以回答这些问题，那么想法就有可能实现。

世上没有“行不通”——一位在德累斯顿的失业者说。去做吧。他提供的产品就是他自己。他自己就是品牌。他自己一字一句地销售自己，而不是等待别人给他机会。这个28岁的电子工程师走自己的路，而不是和所有人一样向许多公司寄求职信。他设计并生产宣传单和广告。上面可以看到一个摆着著名的山姆大叔造型的求职者：白头发，有大胡子，穿着一件蓝衬衫，戴着一顶美式大礼帽，伸出手指。下面有一句话：“I want you to give me a job（我希望您给予我一份工作）!”简洁明了地表达了这位工程师他能做什么。在很短的时间以后他就收到了大量的外界提供的工作机会。

“行动”就是如此简单。除了把自己看作品牌的想法，这里还有打破常规的求职方法。这种行为遵循的是游击营销哲学。那个德累斯顿人直接将自己展现给他的目标群体，即其潜在的雇主，在这些雇主意想不到的时刻，他成功地利用了这一种惊讶效应。他的求职当然是成功的。而假如他跟普通人一样运用普通的求职方法，那么他的求职信就会埋没在成千上万个求职者的求职信当中。

无计划的行动

“简单的行动”有时会导致混乱。除了意识还要有一点对计划的深度思考。没有一个工匠无计划就开始工作。计划开始于获取材料，结束于对实践的思考:“我怎么样才能最好地铺上这些瓷砖？”

在旅游业领域，我经常问自己，这些负责人是否在思考。他们很多的活动都毫无计划。在旅游业中，旅游的目的地也可被看作为品牌，显然这些所谓的决策者对此毫不知情。

在一个公开的市场预算上，有许多服务商被邀请去展示他们的想法和意见。每个服务商对实现销售目标有自己的预算和想法。通常有一个特定的团队决定其交易额。这个团队由旅游业领导、市长，还有其他的地方议员组成。在这里只有这个旅游业领导是行家。其他人也宣称自己是行家。他们固然经常度假，但是他们缺少对市场的专业看法。此外，他们还缺少对费用的考虑，尤其是有些乡镇对旅游业的预算越来越少。所有人都反对仅由一位服务供应商来做出主要抉择。

旅游目的地也是品牌

紧接着由于费用的原因，所有服务商“最好的想法”也会被搞砸。于是各个旅行团各自筹划，互不干涉。所以不难看到，在旅游业上有许多缺乏核心内容的失败营销。

然而无论如何，都会有一些令人满意的、有发展潜能的案例，如奥兹塔（Ötztal）和索尔登（Sölden）。当地负责人将索尔登这个地方看作一个品牌。许多人前前后后地从这一地区经过。对索尔登的宣传逐渐由名片传播，进而转变为通过交通来传播，最后通过网络来实现。在其官网上还有360度全方位介绍、博客、应用软件以及网络摄像头对其宣传；在上面除了旅游信息，还可以找到求职信息（www.soelden.com）。想法不是幻想，想法可以实现并为顾客所用。这种成功地品牌营销模式成为其他品牌的模范，宝马就是一项成功的案例（参阅章节：《成为品牌》）。

服务的额外成分

您可以在一家餐厅体会到打破常规的其他含义。当您在那里点一份菜时，通常这份菜是在离您很远的厨房里做好。因为这十分寻常且所有人都这么做，所以这就是“常规”。现在有一家日本餐厅，从很多年前开始，这家餐厅的菜就在顾客面前做好。光是这一点就是一场非常棒的展示。由于其不同寻常，因此您肯定会将这家餐厅的特点告诉您的朋友们。在顾客前做菜就是打破常规的行为。因此，这家日本餐厅就会在德国口口相传。这样看来，久而久之，这也会变成一个人尽皆知的常规。我们也可将此法应用到一家牛排店里来。这家牛排店在顾客面前切好并烤好牛肉，这又是一件不同寻常之事。当然其他的日本餐厅和牛排店里肯定也有这些菜，只是其中的差别是，在这些普通的店里，他们的菜都是在厨房里准备好的。而前面提到的日本餐厅和牛排店的亮点是，提供额外的服务给顾客。这些“额外”的服务已经使它们在市场上凸显出来。这些服务的“额外”的部分使它们被顾客感受到。我把这些称为品牌。当然还有更多（参阅章节《成为品牌》）。服务中的额外成分是一种内在的愿望，比他人给予更多。这也属于一种对品牌思维的培养。

成功的品牌
吸引对此
感兴趣的伙伴

假如一个运动员不愿意坚持不懈地进行更多的训练，那么他就不能成为胜利者登上领奖台。在训练过程中会有受伤，有流汗，有流泪，长时间的训练，会有失败，但总会有成功。最后观众只看到光辉的胜利者，没人看到胜利者是怎样登上领奖台的。但是这个胜利者知道：如果他想继续留在获奖台，他必须要付出更多。旧的比赛的结束是新一轮比赛的开始。对此每个运动员都明白，为什么有些企业家就不明白呢？可能是因为他们不了解何人何物都可成为品牌？！要成为品牌，需要思维，需要品质，还需要比其他人更多一点付出。

摘要

对自己、对产品、对市场、对顾客以及对周围情况的意识是一切的开始。没有品牌思维，则在开始就会失败。然而仅仅思考是不够的，还需“行动”，否则别人就会先于我下手，到那时我只能望而却步。

→行动（Machen）（也）来源于力量（Macht）

→没有力量就会失败

→积极优于消极

每个行为都来源于实现自己想法的进取心。假如某一行为不带思考且无计划，那么即使其再优秀，也终将会失败。

→我怎么采取办法?

→我需要什么?

→谁对我有帮助?

→谁或者什么对我有阻碍?

→我的B计划如何?

失败是常事。它是过程中的一部分。人不应该被失败打倒，不能想到放弃。从失败中可以获得成功的方式。

→为什么有失败?

→我失败于何事?

→为什么有人比我好?

尝试属于行为之一。尝试可以拓宽认识并且带来新的认识。我是否要登上一座山或者建立一个品牌，是不重要的。重要的是去尝试先前行一步。假如不行动，最好的想法也只是幻想。

> “品牌经常产生于一个突如其来的想法
> 和一个有意识的计划。”
>
> **托马斯 · 施泰因（Thomas Stein）**
>
> 音乐管理人，前贝塔斯曼音乐集团［Bertelsmann Music Group（Sony BMG）］总裁

怎样做好一个品牌？品牌可增强顾客的购买欲。品牌是一种承诺。它可以保障顾客买到对的东西。对顾客而言，品牌更多的是一种感性而非理性，它向顾客展示产品和其品牌的相互融合，如诚信、品质及其他特别的感受。顾客每天通过不同的方式感受到不同形式的品牌。下面是一个平常的例子。

→

成为品牌

不久前我在高速公路上开车。我在右车道匀速行驶，与几辆大卡车并行。在后视镜上我看到一道光闪耀着，很快速地向我袭来。当时，我不能换到另一条车道上。因为那一条车道已被这些大卡车所占。随后我后面的司机怒气冲冲地朝我吼道："你快给我闪开！"待那些卡车走了以后，我马上让他超车。在超车时我看到，这辆车所属的公司的名字为粉刷匠穆勒（Müller）。于是我同样愤怒地朝他吼道："可恶的粉刷匠穆勒！"

到底发生了什么事？由于我并不认识这个开车的司机，因此我不能直接对他吼："某某，你是个蠢货！"然而我却可以知道其品牌，我也从中感受到其品牌。可惜这是一次不好的体验，使我印象深刻。以后无论何时，当我看到这个品牌时，我马上想起高速公路上那个不良体验。无论是拜尔斯道夫、西门子还是可口可乐，这种品牌体验在任何公司都可能会发生。我举此例，是因为几乎每个人都有过如此的品牌体验。

品牌传递一种直觉

一些中小企业对此发表的反对意见层出不穷："对，这适用于一些有名气的大企业。对我们来说不合适。"如果我是在一条乡间小道上被写着小吃卖家舒尔茨（Schulz）或是木匠迈耶（Meier）名字的小货车超车，结果会有什么不同呢？我一样会骂舒尔茨和迈耶"蠢货"。超车司机的行为无形中会成为客户对企业的坏印象。不论企业是何种规模，企业行为铸就自己的形象。

另外一个品牌体验的例子。几乎每个城市都有一家意大利餐厅。每个人几乎都去过意大利餐厅。在一个小城市里往往只有一家意大利餐厅，在一个大城市则有许多家意大利餐厅。人们到处都听到同样的话：“今晚我们去我的意大利餐厅！”这有没有很吸引您呢？为什么会这样呢？当您第一次去这家意大利餐厅吃饭时就被打招呼，好像您是那里的常客。您第二次再去时，甚至是几个星期以后，老板弗朗哥（Franco）熟悉地向你打招呼，仿佛这个披萨店是为您一个人提供的。当您再去时，他给你一种如家的感觉。这个披萨店变成了“弗朗哥”，“弗朗哥”变成了“我的意大利餐厅”。

怎么回事？我想，没有人比这个意大利餐厅的老板更了解与顾客快速建立起关系的重要性。引人注意的热情、意大利口音的德语、意大利名的菜、餐厅的装饰、意大利的照片、人物的肖像以及意大利音乐。您不是去吃饭，您是去度假——您的导游叫做弗朗哥。他巧妙地将您的个人情感融入餐厅，因此这家餐厅长久地在您的心里扎根。逐渐地，这家意大利餐厅就成了您喜爱的品牌。

我暂且称其为“意大利效应”，简洁明了。在我看来，现在应该没有一个像弗朗哥这样的人懂得有意识地建立自己品牌的人。当然其品牌成功的基本前提是质量。假如其本身的质量不佳，那么任何修饰都是徒劳无功。在这家意大利餐厅所在的地方肯定有许多优秀餐厅，它们提供的产品可能要优于弗朗哥的餐厅。但是它们却不及弗朗哥的餐厅，因为弗朗哥用独特的方式将自己在市场上凸显出来。作为顾客的我在弗朗哥餐厅的体验也与在其他餐厅的体验毫不相同。

通过这种差异，弗朗哥在市场上将自己凸显出来。他将自己同“金牛（Golden Bullen）”进行鲜明的对比。通过这种对比，他在当地的市场占有一席之地。他的餐厅给予顾客一种更加舒适之感，更有价值。“你吃什么，你就是什么。”这句名言用在这里恰到好处。假如现在有一家披萨店，它在市场上的定位跟一家德国餐厅不同。我们假设在该地仅有这两家餐厅，那么出于竞争，他们一定会相互划清界限。他们一定会别具个性，二者皆有魅力。这一点是显而易见的。

在德国
有许多地方
没有市场

然而世上没有这样一个地方。市场上有很多产品和公司。每个公司都想吸引顾客的注意。并且市场上的顾客也不尽相同。因此“成为品牌”就变得相当复杂。只要人们仔细观察一番市场，就能遗憾地认识到：在德国有许多地方根本没有市场。因为缺少对品牌的理解。这些品牌负责人对广告和销售并不了解。在他们浅显的眼光看来，品牌仅仅是挂上几百张广告牌，上面写着：“今天比昨天便宜。”实际上还差得远呢！

关于如何成为品牌有一个有趣的例子。甚至有些讽刺，地点就是在柏林克罗伊茨贝格（Kreuzberg）区的“穆斯塔法的蔬菜土耳其烤肉（Mustafa's Gem ü sekebap）”。这个店铺并不是主题商店，没有豪华的霓虹广告灯，也没有引人注目的露台。这是一个在Mehringdamm（位于德国柏林的一个地铁站名）地铁站附近一家相对较小的售货亭。在这个小店，只能容纳大约三个人。然而在这家小店前，经常排有一百多米长的队伍，这些人只是为了买到这个超级著名的多纳

（Döner）（土耳其烤肉）。为什么会这样呢？

Mustafa's Gem ü sekebap，一个自己的品牌

在柏林有超过两千家土耳其烤肉店。穆斯塔法的店通过质量凸显出来。除了质量，另外一点也经常被人提起，他卖的有个东西跟大家不一样，并且所有人都喜欢吃。它就是：没有肉的烤肉。它非常受欢迎，以致顾客不仅口耳相传，还在许多门户网站上将其评选为柏林最好的土耳其烤肉店之一。"穆斯塔法的蔬菜土耳其烤肉（Mustafa's Gem ü sekebap）"这个品牌赢得了顾客的信任，获得了关注，比其他店创造了更多收益，此外还打破了多纳必须由肉做出来的老套的想法。这家烤肉店使自己凸显出来，成为一个品牌。

此外，这家柏林烤肉店是我所知道的唯一一家拥有网站的烤肉店，深受年轻人的追捧。这都可以赶上世界知名的生产商的步伐了。一家烤肉店有一个网站，这非同寻常。您不相信？那就在谷歌搜索一下吧。年轻人将烤肉的状态在Youtube[①]上通过视频发布，就跟电视上婴儿食品的广告一样。用跟这些广告同样的方式展示了穆斯塔法的质量保证——一切纯天然，无任何化学添加剂。该短片以一句著名的话结尾："我的名字在前面。穆斯塔法的蔬菜烤肉串。"

① 参阅：http://www.youtube.com/watch?v=ay898gbNDgg.

成为传奇的一部分

因此我说，所有东西，甚至烤肉店都可以成为品牌。就如同我把一个含咖啡因的柠檬汁做成“可口可乐”，我也可以把一个人——我自己做成一个品牌。怎么做，如下例所示。1914年有一位叫做歹内斯特·沙克尔顿（Ernest Shackleton）的英国南极考察家动身前往南极考察。这次探险作为磨难探险被载入史册。为了组成合适的探险队，沙克尔顿发布了一条小广告：“寻求有意探险的男性。报酬较少。非常寒冷。数月无阳光。时刻潜在危险。很难确保安全回来。完成任务以后将会得到荣誉和赞赏。”据说有超过5,000名男性报名。最终只有56位有资格同行。这次旅行实际上没有完全按照计划进行。他们的船被冰块压碎了，因此他们数月来为活命而斗争，直到他们重新回到英国。

为什么这个广告会奏效？这与品牌有何关联呢？在沙克尔顿发布广告的时候，他不是普通人。他是个重要人物，他有姓名，有名气，且他代表一定的事物。他是一个品牌，他给予人们安全感，人们能够信赖这个决定。他的品牌的核心是信任。人们知道沙克尔顿是个老练的海员，有非常丰富的考察经验。同时考察变数总是不确定的。这引起了人们好奇心和对探险的兴趣。与沙克尔顿同行的人也要有特点。他们每个人须是一个人物，他们要做的比要求的更多，他们自己须是传奇的一部分。

品牌就是这样。假如我认清我自己的身份，那么我就能更加努力地实现我的目标，达到一个超常的成绩。以此我将自己同他人区分开来，并收获一些声望。越来越多的人开始信任我，他们还迫切地想要向我致敬。比如杰尔狼皮

（Jack Wolfskin）夹克代表了：我是一名探险家。东京旅馆（Tokio Hotel）中的歌手比尔·考尔利兹（Bill Kaulitz）成功地向其致敬，他的行为作风狂野奔放。如今市场上的大多数明星的成名经历都跟杰尔狼皮夹克类似。

托马斯·施泰因 （Thomas Stein）对个人品牌以及明星深有体会。他起初体会过做明星的感觉，明星的辉煌，偶尔又有低谷，他在成功的道路上有过很多一鸣惊人之举。我感到非常荣幸能请他来跟我直言不讳地探讨品牌。

托马斯·施泰因（Thomas Stein）

1949年，他开始了杂志售货员的生涯，创办连锁商店蒙塔纳斯（Montanus），开设了45家分店。在德国电视二台（ZDF）中任编辑。1982年，他工作调动，前往汉堡在泰尔迪克有限责任公司（Teldec GmBH）当企业负责人。这是通往音乐和唱片行业的入口。六年后这位有了两个孩子的父亲离开泰尔迪克，接任位于慕尼黑的竞争对手贝塔斯曼音乐集团（BMG）阿廖拉（Ariola）的主席职位。2001年1月，他被任命为执行副总裁前往纽约，负责国际市场和艺人以及贝塔斯曼音乐集团（BMG Entertainment）娱乐的全部演奏节目。在同一年他还接管了贝塔斯曼音乐集团欧洲公司的主席职位，负责贝塔斯曼音乐集团欧洲公司的协调工作。这一职务他一直担任到2003年初。2004年他离开贝塔斯曼音乐集团，成为全球卫星导航机构（GSA）的总裁（德国，瑞士，奥地利）。他特别致力于彼得·曼菲（Peter Maffay）、井字游戏（Tic Tac Toe）、庐·贝加（Lou Bega）、法尔可（Falco）、伊科·弗瑞施（Eko Fresh）、蒂朵（Dido）、艾塔科（ATC，一个德国乐队的名称）和银月亮（Silbermond）等机构或团队管理事务。此外他是第一届和第二届“德国寻找超级明星（Deutschland sucht den Superstar）”节目的评委之一。

从2006年到2008年中旬，托马斯担任杰克·怀特产品公司（Jack White Productions AG）的董事会主席。此外在2006年，他还在新教和天主教电视台的够斯佩尔–阿沃兹（Gospel–Awards）节目中担任评委。2009年末他发表了他的个人自传《说到，做到》（*Gesagt getan*）。直到2010年他一直是电视节目“最强歌曲秀”（Die ultimative Chartshow）的常客。

自从2010年7月以来，托马斯·施泰因与本杰明·施勒希特（Benjamin Schlechter）一起在位于皮勒尔湖畔的圣乌尔里希［St. Ulrich am Pillersee（Tirol）］的克劳斯–亨顿有限公司（clowns&helden GmBH）工作。

阐述

→品牌有示范作用

→在企业中"名次心理"占上风

→品牌以有意识的生活以及乐意创造更多的心态为前提

→每个有实力的品牌都需要一位有实力的品牌管理者

任何人以及任何事物都能成为品牌。其限制因素在于，个体有一种思维障碍，这种障碍以拒绝成为品牌为基础。相比于品牌，大多数人更愿意成为一个明星。这个想法固然好，但却毫无实际意义。品牌的原始状态由其受欢迎程度决定，其受欢迎程度最终是由其做出的成绩所决定的。麦当娜能成为明星，是因为她知道如何让自己成为一个品牌。然而许多人，比如在Dschungelcamp（电视节目）中，认为他们所要的只是打造成一个明星。而实际上，他们只是随时陨落的流星，算不上品牌或明星。他们同麦当娜最大的区别是没有品牌思维。为了成为品牌，我需要一种品牌思维。我是谁，我们是什么榜样，我在做什么。作为品牌我有公众示范作用。我使自己静下心来，并且更好地认清自我。许多想成为明星的人对此并没有收心内视并领会于心。

我在一开始说到每个人都能成为品牌，其前提是这个人需有自我意识。此外，思维的可行性取决于其自身的能力。除了意识，我还需要能力。可惜一些选秀节目却传递了一种想法，比如说没有能力也能成为明星或者品牌。假如我今天参加一个选秀节目，我必须能明白我要干什么事。若是我对此毫无了解，那么我除了没有品牌思维，还缺乏智商。很多人参与这种电视节目，自娱自乐，无可救药。

另一方面，人们通过选秀节目一定有可能发展成为品牌。但是有一种错误的认识，那就是只通过参加选秀节目或者取得胜利就能成为品牌。当我在一个比赛中在巨大的欢呼声下夺得第七名或者第八名，我也不会认真地认为，我就是个品牌了。成为一个品牌的前提是：对品牌产生意识以及乐意为此而工作，并且还要有超长的水平。这当然还包括实现自己的目标并为其奋斗。只身一人是不能成为品牌的。

关于品牌的发展进程，苹果公司就是一个著名的例子。他在美国一个不知名的地下室起步，只有包括史蒂夫·乔布斯在内的一个小小的团队，对制造电脑有一些独创的想法。尽管他们的产品品质优良，但是在乔布斯离开以后，其品质就开始下降，苹果产品也逐渐受到冷落。直到乔布斯再次回到苹果，这家企业才又开始向上发展。可以说，乔布斯就是苹果公司，他献身于苹果产品，并对其产生深刻的影响。他去世后苹果产品将如何运转，我们还要拭目以待。但我们能看到，在一开始，苹果产品只是一项发明，是乔布斯使它从一项发明成为世界上最好的品牌之一。

成为品牌意味着每一天、每一小时，时刻准备着对此进行思考，并同时乐意为此贡献。对于艺术家来说，其任务还有在公众中展现自己。条件是：我必须有所考虑地采取行动，并且要经常自我反问，我的行为是否对我的品牌有益。这是个人品牌和事物品牌的细微差别。

对个人和品牌的混淆是十分危险的。假如个人和品牌存在明显的区别，那么他们的关系就会相对平稳。但假如双方相互混淆，他们的危机可能就会到来。形象地说：在晚上，个人可以作为一个品牌走进一家酒吧，此刻他的身份是品牌。而当他回到家的时候，他就必须变回他自己，此刻他的身份是个人。

此外，个人的品格在个人品牌中起到一个非常重要的作用。回顾我在索尼的时光，那时我们有一位歌手名为“Eko Fresh”（来自科隆的土耳其裔德国说唱歌手，2004年被提名为“Comet”与“Echo”）。Eko Fresh带来一种特别的形象。而他自己却对此浑然不知，不知何为最适合他的方式。他的演奏方式是自然真实的，他的天赋在此。在唱“Rap”时，他运用的是一种独一无二的表现形式。此外他还自己作词谱曲。然而他的内心对此毫无兴趣，他想成为一名匪帮说唱歌手。

他的这种矛盾导致他最终失去了自己的品牌。这真是非驴非马，不伦不类。再加上他内心拒绝思考它的起源。所以他没能重新建立起自己的品牌。这又引起了思维问题。我必须要知道我所想要的。很多人尽管说了他们想要的，但是最后他们却不实现这个想法。

对于歌唱业，当然也是对于其他所有的行业来说，这不是个好的开头。

为了将来成为明星，需要一些感觉以及经验。前提就是需要鲜明的个人特色，比如独特的音色，优秀的创作水平等。然而最好的歌手不一定是最好的品牌。既然选择成为“产品”，那么就要做好，在公共场合展现自己的准备。如今在这种创造品牌的过程中出现了一个问题。这个问题就是网络。由于网络的飞速发展，人们常常没有时间谨慎地打造一些个人和产品的品牌。当一位歌手的首张专辑没有达到人们的预期，那么他之后几乎就不会再出版第二张或者第三张。然而假如首张专辑是成功的，那么就会有第二张、第三张专辑在这种成功的浪潮中一张接着一张地被推出。正因如此，很多时候人们会缺少去打造一个品牌的时间。实际上，品牌总是由下至上地被打造出来，银月亮（Silbermond）乐队就是一个很好的例子。尽管他们一开始令人惊喜，但两年以后，几乎没有人会再相信这个组合能够重建。当时在BMG，我可能是两年来唯一一个坚信这个组合会重新建起的人。最终，BMG签下了银月亮，因为他们慢慢地看到了这个组合是如何努力地在为此奋斗。银月亮也相信自己，并最终实现了自己的想法。这对坚定地支持银月亮重建的人们来说，是重要的信号。假如没有这种努力拼搏的意愿，他们是不会成功的。这一点是普遍适用的。

内心的意愿可以为实现自己的“某件事物”扫清障碍，在这方面，海诺（Heino）是个非常好的例子。有谁想过，他在74岁时能令人轰动地回归到市场上去呢？没有人！在几年以前，他构想出一张可能流行的专辑。我们相互交换了意见。当时我告诉他，假如他坚定自己的信念，那就去实现这个想法吧！他做到了。许多同样来自他周围的一些人，录制了一些摇滚，说唱歌曲，他们都没有成功。而他却真正成功了。他将自己和他的“Heino品牌”置于一个全新的平台。并不是每个人都能做到这件事。还需要考虑到，不是所有人都对此热忱。如同风也可以从上面强劲地吹。作为品牌必须要抵挡住这阵风。在品牌发展中还有着一些支持我们发展的动力，如内心的态度、个人的品格、周围的环境等。对于海诺来说，其支持者就是他的妻子。

一个有勇气的人，也敢于做自嘲自讽的广告。1999年海诺为美国运通公司做广告牌。在上面可以看到他被绑在一棵树上，嘴里被堵着布块，在他身前是他的那把破损的吉他。这个主题使人回忆起Troubadix，滑稽的吟唱诗人。只有当人内心平静，有自我意识和意愿去增强自己的品牌时，才能做到这样。品牌经常会处在突如其来的想法和有意识的计划之间的冲突区域。倘若你的想法和愿望不断加深，并自己认识到这一愿望，那么你的内心应该能产生一个具体的计划。一股劲地坚持下去，那就决定了其优良的品质。我们必须要有优良的品质，是否有挑战，取决于其品牌。霍华德·卡本达（Howard Carpendale）总是走他自己的路。他总是保持真诚。他是位独一无二的艺术家，给予我们品质和诚意。这种诚意为其粉丝所尊重。在品牌中真诚绝对会得到回报！

与事物品牌相反，在个人品牌上，思考品牌的性质和表现形式是相对简单的。因为我作为一个个人，可以自己决定自己的性质以及喜好。而在事物品牌上，则经常是许多人坐在一张桌子旁讨论品牌的特点。参与讨论的人越多，就会变得越复杂。尽管这一讨论一开始公平民主，但是随着讨论的加深，总会有个人在当中起到主导作用并随之引导讨论的方向。最后将导致一切混乱与无序。

令人惋惜的是，个人品牌中往往经常缺乏去确立自己品牌的思维。然而在企业中品牌思维的缺失更严重。一种名次心理占了上风，就好像在一张记录牌上记录着名次，谁拥有满满记录，谁就能在他的事业上更上一层楼。这只是展现了他工作辛苦，而并不是他个人抉择的表现。而在企业中需要做出一种独特抉择。有一个例子可以说明我的意思：费迪南德·皮耶希（Ferdinand Piëch）在十多年前做出决定，生产大众敞篷车。生产这样的车辆是不理智的。这样的车不能载人，且这种车并非当下主流。然而现在是怎样呢？该敞篷车是大众汽车中最畅销的车款之一。为什么这能成功呢？皮耶希清楚地知道他想要什么。他了解大众，认识大众的性质，在他内心有加强这个品牌的意愿。虽然奥迪内部给他施压，但大众在国外的成功证明他的想法是正确的。皮耶希不相信任何排名和名次，他只相信他自己的理解和经验。他说："那有一片广阔的市场，我要参与这片市场。"

另一个例子是关于重新利用旧型号而不是开发新型号的。保时捷911本不该再生产。文德林·魏德金（Wendelin Wiedeking）却打破常规。根据他的决定，保时捷911需要更新并重新生产。人们也不会根据网络上的排名，就轻易地放弃早已在市场上站稳脚跟的品牌，他们反倒更愿意对这种品牌进行重新加工，并使其再次适应市场。保时捷这个品牌就是这样依靠911车型在市场上存活下来。

假如有一位能力较弱的老板位于企业的领导层，并且他还将跟他类似的人招徕到身边，那么不仅在企业管理中会导致失败，在品牌管理上亦是如此。一个能力较强的老板则能仔细观察自己周围的员工，招徕一些有上进心、有战斗力的员工来打造团队。如此品牌的成功就能更为明显。虽然在此需要投入许多，但这样的团队才能成功。当然，肯定也有一些人或品牌不费吹灰之力就自动地获得了成功，但这种现象毕竟罕见——毕竟凡事皆有例外。

接下来我想强调，一个人物品牌和一个事物品牌或者企业品牌差别很大。对此我已多次提及。然而有一些人物品牌紧密地与企业品牌联系在一起。其中之一是莱因哈德·莫恩（Reinhard Mohn），他影响了贝塔斯曼（Bertelsmann）公司。该公司的发展直接与个人联系在一起。莫恩前后一致地实现自己对商业的想法。其中有两个因素：一个是人，另一个是贝塔斯曼这个品牌。然而有些人能为品牌着想。如果人们想这样的话，魏德金就是保时捷这个品牌。所以要不是在股东们中发生了那样的事，根本不会有人能想到，魏德金会离开保时捷。在这个例子上可以清楚地得出：每个强大的品牌都需要一个强大的品牌领导。他是品牌的灵魂。人们会将品牌的一切经历，不论对品牌有利与否，统统和这位领导联系起来。领导要有一个宽广的胸怀，要有较强的抗压能力。只有有品质的人和品牌才能做到这一点！

托马斯结尾的那句话和我的想法不言而合：在企业中，一定要有一两个人紧紧地抓住营销的主线，这些人就是品牌的灵魂。为了达到企业的目标，他们要尽显自己的才能。然后企业品牌也能实现。

然而现实和理论不符。通常是销售主管参与企业管理的工作计划，原则上这是正确的（参阅章节：《“精彩内容”原则》）。然而假如企业管理层自身对企业的性质和方向不明了，那么就会出现大问题。这种情况在德语区数见不鲜，原因则是多样的。一方面在公司管理层中多数人不是市场人员，而是法律工作者、管理专家或者其他行业的人员。在好多企业缺少重要的领导人物，比如一个费迪南德·皮耶希或者一个莱因哈德·莫恩。更有甚者，企业领导层冲突不断。因而为了避免冲突，许多方案都被叫停。然而光说不做是假把式，我们需通过实践切实地来贯彻这些方案。在绝大部分中小企业亦应如此。在小企业中经常也会有父子间或者长幼间的世代冲突，这甚至会扩大企业中的误解。

寻找富有想象力的人物

假如企业领导层拥有一个销售的领导人物，他事先确定方向，做出清楚的决定，那就使品牌管理成为了可能。甚至当这个上司、主席或领导不是专业的销售从业人员时，也是没有问题的。重要的是，这个领导人有一个他信任的销售策划人，有着与魏德金相似的特点。这个人是内部人员还是外部人员，在此并不重要。这样一来，品牌就可以实现并被投入市场。

代替此的是一些计划和规定，像“我们既不需要坦克也不需要棕榈叶，我们要的仅是对该广告效果的验证。”[①]然而，在这种态度下，品牌是不能产生的。与其如此，还不如把更多的投入置于数据材料、数据计算方法或是最新脑研究技术上。这明显比在计划上“加大马力”要好理解得多。一加一等于二可以在数学上得以证明，但当人们拥有了品牌意识，它们能在品牌上得以成功地证明吗？众而皆知的是，品牌确实会受品牌意识的影响。然而在品牌上是否能实现预期的效果，如何能实现预期的效果，饱受争议。

现在人们建议将三分之一的日常工作时间投入到有策略的品牌问题上，并将余下的三分之二的时间用于纯粹的工作。受众广的Excel表格、广告、视频片段、聊天、赠品（Giveaways）等等属于此。人们希望能在技术测量下无懈可击地证实，这些工作和方法有效果。此外，人们在品牌上没有投入太多的时间。重要的基础工作被排挤以及削减。基础的部分对整个计划的实施会有影响吗？对此我颇有疑惑。我在上面提到的三分之一的计划和三分之二的实施是否有效，这不重要。重要的是其背后的深层原则。帕累托（Pareto）原则表明，20%的投入时间是80%的效果的成因。倘若我不去有意识地研究品牌的成因，而是花时间来阐述品牌的效果，那么品牌就毫无效果。请看下面的例子。

一次，我由于感冒去医生那儿看病，医生却给我开了一份治疗喉咙沙哑的

① Thomas Wagner，Seven — One — Media 的董事会主席，Horizont Magazin 1 / 13，“Horizont Award 2013”。

药。这令我十分不解。我问他，他这是认真的吗！因为喉咙沙哑是一种症状，而并不是诱因！吃了这份药以后我的喉咙可能会变好，但是发烧，关节疼痛，

用几片含片来治疗感冒？

疲劳感仍旧存在。当我询问我的感冒由什么引起时，这个医生却并不能解释清楚：您是在某个地方受到了感染，可能是因为您在火车上吃了什么东西，或者是您的免疫系统较虚弱。

在与消费者的交流中，这一点也成立。许多医生运用最新技术仅仅研究病症，而不去探求病因。人们也总是喜欢追问一些还没有答案的问题，比如：为何消费者是这样想的？有时一个顾客能想起一个品牌广告，但有时却又想不起来。令人诧异的是，目前放映的广告对此并不是决定性的。很多时候尽管在这个时候一个品牌当下没有发布广告，消费者还是能够想起它。问题的关键在于品牌本身以及顾客对品牌的联系。虽然这种关系既没有被证实也没有被证伪，但是它相当重要！因为假如消费者和品牌之间能够产生一种联系，这会比表层的推动要更加强有力。顾客对品牌的信任就像友谊一样可贵。

您想要有个没有特点的朋友吗？不，您的朋友肯定有突出的特点，他的特点让他从普通大众中脱颖而出，你也如此评价他。他对您而言是独一无二的。因此您对该朋友建立起一种非常特别的联系。您信任他。您将该朋友与所有您认识的人区分开来。因为他对您来说非常特别，他同所有在您旁边的人都不一样。他的特点赋予他一个特殊的定位。他有自己独特的方向。在您的“小宇宙”中，他是闪亮的一颗星，他能实现别人难以达到的目标。

品牌也是这样的：拜仁慕尼黑、奥迪、东芝、席克斯特租车，都是这样的。您不相信？为什么当越来越多的来自民主德国的品牌离开时，这些来自"新"的联邦州的人非常伤心？"瑞玛（Rama）"和"索亚（Sonja）"看起来没多大差别。二者都是果酱。但是事实并非如此。顾客对"索亚"有更多的情怀。这同样也适用于B2B领域：您想一下曼罗兰，该公司生产高质量和无与伦比的印刷机（参阅章节：《"精彩内容"原则》）。品牌深深地扎根在我们的脑海里，为此品牌需要有意识地创造并实现。无论是梅茨格·弗里茨（Metzger Fritz）还是艾森-胡贝尔（Eisen-Huber）公司或者是汉高股份公司（Henkel AG），其原则都是一样的。

Rama还是Sonja——这并不是无所谓

现在让我们从一个汽车工业的例子中，看看品牌对企业现状及未来的重要性。汽车工业是成本密集型的行业，并且从业者们往往只看中产品的发展和生产。30年以前，汽车新旧型号的替代周期是7年，在此期间，新的型号会陆续替换旧的型号。而今天，替换周期缩短为两年已经是很正常的事了。而新型号的开发仍和以前一样昂贵，所以制造商往往都需要提前做好考虑。对此，每个企业虽然都有自己独特的方式，但它们都会着眼于一个5到10年的"未来"。换句话说，以当今的新旧替换速度来衡量，其中会有3、4个替换周期，这会给企业带来巨大的风险。其中一个不确定因素就是顾客。汽车行业的巨头们当然会想让它们的顾客在十年后也能同样地乐意购买或是租用他们的汽车，就像那些我们从小就在使用的品牌那样。其中一些汽车企业非常擅长建立品牌。除了在商业和技术上的培训与研究外，这些独特的企业还有自己的"品牌研究中心"，其员工在此研究品牌。

宝马公司在这一理念上是远远超前的。宝马集团许多年来一直通过选择独特的道路，使自己的品牌保有新鲜度。其中宝马Mini车型在美国市场上的一项极具媒体影响力的策划，就是通过一场重要的篮球比赛，在篮球体育场的看台上实现的。很多年来，宝马公司都热衷于参与包括网球、骑马和帆船在内的体育事业。其中一个最新的手段就是将整个度假区以宝马的名义预订下来。宝马公司跟奥地利提罗尔州的奥兹塔尔峡谷地区有过这样的合作。在当地的度假区里，无论是在冰川上进行试驾，还是作为音乐会的赞助商；无论是在行车进入峡谷时看到的欢迎告示上，还是在“意外地”撞见北欧神话里的“金冠鬼王”，以及在海拔2700米的展柜里，人们到处都能看到宝马的品牌。对于来到这里度假的人们来说，宝马这个品牌因此变得触手可及，且与他们快乐的假期回忆紧密地联系在一起。

这不是偶然，而是将品牌哲学与带有策略的措施联系在一起的结果。简而概之，即：坚定信念、品牌思维、谋略与实践。宝马公司为品牌思维投入不菲。在慕尼黑，该公司经营一家“品牌与消费者协会”。在这个协会中的管理人员、商人、机械师以及服务业者都需要完全地了解宝马公司的本质。甚至宝马公司银行的银行家也被派到那里去。他们需要了解这个品牌。这一行为充满现实意义，将在顾客当中树立良好的形象。“这是向顾客的内心传递品牌，这在一个以技术为导向的公司中非常重要。一个强大的品牌意味着增长和新创造的价值”[①]，宝马公司经理尤阿希姆·布里克霍伊（Joachim Blickhäuser）如是说。

从内而外传递品牌

宝马品牌的中心主题是“快乐”。数年来其标语是，“在快乐中行驶”。通过与一些旅行目的地的合作，该技术产品能够被体验到。宝马汽车和旅游地奥兹塔（Ötztal）之间有何内在联系呢？在度假旅行时，您会做些什么？您首先非常开心。回忆上次度假的开心时刻，你感叹：辛苦的工作终于得到了回报。在冬天您就去滑雪，在夏天您就在阿尔卑斯山徒步旅行或者骑山地车，快乐无极限。您的身体里充满着肾上腺素和快乐激素。此外还有阳光、蓝天、乡间小道……总之，您的内心洋溢着喜悦。

在这种非常棒的心情下，您总是遇到BMW（宝马），并且是在一个特别得体的形式下。这个品牌持续在您身边，没有烦扰您。这非常重要！您感到惊讶。当您乘坐缆车驶往2,700米高时，您会预料到那里有一辆车？肯定不会。现在在小道酒吧和缆车中心有一辆真正的宝马。第一时刻您非常惊讶，可能甚至感到非常开心。这辆车是怎么上来的呢？您非常激动地考虑这个问题。与充满体验的滑雪或登山一起，宝马这个品牌在您的意识中固定下来。这个品牌是生动的。这种没有纠缠的行为获得成功，因为宝马公司负责展现自己为唯一的品牌。没有事物将视线从您的假期和品牌中转移开。您自己将品牌融入该假期

① 宝马公司经理Joachim Blickhäuser *Auto-Didaktik*，第一版，15年，第二册，2013年2月。

中：通过您自己的经历。您将活力、运动、休息、健康、愉悦和快乐联系在一起。当然具体的策划过程比我这里所描述的更加复杂。我只是提及品牌和体验。同时奥兹塔也从宝马品牌中获得利益，通过其与信任、完美、技术，在特定的意义上也有环境意识以及与运动和快乐联系在一起。

游击战优于单独战，游击战是一种态度

红牛走的也是相同的道路。为了使人们了解该功能饮料的作用，红牛广告在奥地利和德国到处都有。您还记得这些迷你车的车顶上有红牛的瓶子吗？宣传团队到处都有。比如有人登上科隆大教堂，在面前突然站着一个很可爱的女孩，她送给他一罐红牛饮料。品牌马上出现了——它就在那里。首先，您看到一位美丽的女孩。其次，她送您一样东西。再次，在登大教堂的时候您非常口渴。您得到可以解渴的东西。最后，通过这个饮料您马上感觉到红牛的效果。“红牛给予飞翔。”这种宣传行为随处可见，在办公室里、在活动中、在海港上等等。

这些活动有一个主导思想：游击战术。然而这远远比在单独行为下的游击营销更广泛与复杂。游击营销经常被误解为市场上的工具和手段。昨天我们进行折扣战，今天我们试试游击营销，因为我们需要关注。然而这是行不通的。我将游击战的特点理解为有意识的行为，想要时刻使顾客充满惊喜——使他处于惊讶中（参阅章节《“不可预见”原则》）。

游击战计划以对一个特别的战争形式的认识为基础（西班牙语中“游

击战”意为“小的战争”）。大卫（David）与歌利亚（Goliath）无论在什么地方相互战斗，都一定要避免在对手最有优势的地方对其进行攻击。如果他冒这个险，那么这场战役在开始前就输了！相反，在对手有弱势的地方对其攻击，这就聪明得多。这就是思考。

单独行为如同扔钱

将这种游击战含义引申到市场上就是：用顾客熟悉的方式吸引顾客是相对没有意义的，因为这太显而易见。在潜在的顾客最没有预料到的地方对其进行邂逅，这就聪明得多。换言之：要给予目标群体惊喜。信息在这个惊喜的瞬间到达目标群体的意识中（参阅章节：《“令人惊讶”原则》）。如同宝马和红牛的例子展示的一样，这可以到处都有。重要的是找到顾客“薄弱的地方”。

单一的行为是糟糕且浪费钱的。假如红牛公司仅局限于在运动会旁，那么它就不会作为一项功能饮料深深地印入人们的意识中。那样有多少人达到了红牛这种水平呢？两千、五千，甚至两万人？鉴于德国超过八千万的人口，可笑的是这个数字和效果是零。通过在整个地区创造这种惊喜效应，红牛迅速地吸引了大量的消费者。

这些品牌考虑到两个基本的想法：差异和游击特性。我故意说游击特性，因为其特点和思想方式很重要。游击战经常被理解为独立的方式，差异也同样被理解为独立的方式。极端地来说，一些人只考虑到差异，另一些人把游击营销看成万灵药，因为其他所有方式都没有效果，预算越来越少并且必须要很快得出一个解决方案。两者都是愚蠢的想法。两种方式都应该联系在一起看。我称其为拉链原则。如同拉链需要两边一起拉，单单一边是很难拉的。人们往往在权衡以及做战略估测的时候忽视了这一点：需要一个外面的伙伴从外面将拉链系好，这一点很重要。这个外部伙伴可以同时兼顾到两边，最终在质和量上都获得成功。最后，品牌应该为顾客所体验。陈词滥调是不可避免的。因此，您需有意地打破常规。品牌成功地重要因素是其能被感受到。而一个不能给予体验的品牌则名存实亡。

拉链原则：两边一起拉

我听到一些中小企业的评论：这些都是大企业并有大预算的例子。对，没错。但是我这里讲的是原则。宝马将游击思想运用到品牌的体验中，并不意味所有宝马的销售人员围绕着这个战略做。您可以将您的注意力仅仅转移到原则上，并将其运用于您自身。一个英国擦窗工就抓住这一方法并将其运用到他的日常工作中。医院，政府和办公楼都是他的顾客。在这种工作中您能想到什么呢？您能想到的只有：灰尘、玻璃、不锈钢、单调的工作环境。而他是怎么做的呢？他的工作人员穿着花哨的工作服。在这些灰色的混凝土墙面中，他们夺人眼球，他们成为其他人的讨论对象。并且这种行为每几周都重演一次。如果他聪明的话，他将这个视频发布到网上。至少他的行为在网上可以大肆传播以博得关注。

现在，请看一下这段话边缘方框里面的文字。倘若作为老板的我拼命地往

员工是品牌的形象大使

外推广我的品牌，而我的员工却无所事事，毫无作为，这会怎样呢？这可能会毁坏一次品牌体验，不是吗？您想一下，您借了一辆新车。您非常期待开这样一辆车。几周以来一切都顺利，您有了真正的品牌体验，不管这是如何定义的。突然车出现了问题。您开车到汽车授权修理厂。那里的人不是马上帮您修理，而是让您等。可能您当时特别忙碌。然后一个无所事事的员工向你走来。尽管您内心浮躁，您还是容忍了。接着发生了一件事：该技术人员查看了您的车，告诉您这个车辆品牌有多糟糕。随意一项生产的部分都出现组装失误。此外在这家修理厂里的员工工作品行较差。您感觉怎么样？您的热忱跌落到谷底。假如您的车没有完全修好，那么您就会对该品牌失去信心。品牌在很大程度上取决于员工。员工是品牌的大使，这句话不是白说的。

员工属于品牌过程中的一部分，随着品牌的发展越加明显。与客户的联系使品牌活跃。对于顾客来说，每个联系点都是品牌体验的一部分。先前我已经提到，宝马有一个用于品牌发展的机构。在那里品牌不仅为外部体验所发展，它包含了所有内部与品牌有联系的成分。在这个机构中宝马公司的员工由外到内体会宝马的品牌核心：快乐。一些与该品牌有很大距离的外部人员被有目标地招来。他们通过联系和自身经历向员工传递品牌核心的价值和效果。通过试验来获得对味道、颜色、运动和形式的体验。

这实际上也是我之前所提到过的“切磋练习”中的一种，只不过范围更加广泛。我作为切磋对象，能做的仅仅是帮助您把您的品牌理解清楚，并且将您的能力转化为行动。但是只要您了解这一点，您就能说服其他人来做您的切磋对象。我当然明白，一个手工匠人或是一个收入可观的商贩并不足以建立起用于品牌发展的机构，他们既没有时间也没有闲钱来用于深入的培训。但是这些其实无关紧要，重要的是，您所寻找的伙伴需要由外而内地去了解您的品牌。这才是您需要为您的企业寻找合适的切磋对象的标准和原因。虽然这不能使您马上成功，但是这是激起您迈出自我表达热情的第一步。这种热情火花来源于发自心底的对事情的灼热的酷爱，这是仅仅着眼于Excel表格所无法做到的。

品牌是企业领导者所需要考虑的头等大事

在生活中花三分之一的时间去挖掘品牌并赋予其意义，难道不值得吗？这是我们应该去想一些新东西的时间，也是看清现实背后的本质的时间。我们需要认识品牌的核心，了解我们所做之事的原因，以及我们该如何去做。然后我们就会明白，需要吸引哪一些人群，我们为什么以及如何吸引他们。这样，我们就能了解我们的目标群体。在这些时间里，我们还应该有意识地掌控品牌效果并尽可能地做到能够熟练操控。我们需要有灼热的酷爱：无论是对我们做的事，对我们生产的产品，还是对我们的品牌和我们的灵魂。这一切还需要令顾客能够感受到才行。品牌是企业领导者所需要考虑的头等大事。

品牌不像许多中小企业说的那样是大公司的特权。许多大公司根本没有品牌，尽管他们为其投入许多。品牌也是中小企业的课题，甚至对于中小企业来说更容易打造品牌。企业通常由持有人领导。持有人不需要与董事会协商。他可马上将品牌变为自己的事。品牌并不单单局限于企业和最终消费者（B2C）。它是B2C的对象（参阅章节：《“不可预见”原则》）。因为它来自内部，所以它在每个领域都反映我们的行为及其影响。

很少有人有勇气和能力只身一人创造品牌。对于一些坚持仍要单独尝试的人，在这本书的最后有一些技巧可供参考。但是更简单有效的办法是找到一个能帮您创造品牌的伙伴，并驾齐驱。行动吧！

摘要

只有当我感觉到热情和激动时，我才能成为品牌。假如我没有热情，我怎么使别人信服呢?

第一步是培养思维。这包含提问和好奇心。提问需要时间，寻找答案也需要时间。

→花费您的时间。至少您工作时间的30%属于您的品牌!

有意识地询问自己：我是谁? 我代表什么? 我有什么特点? 我有什么品质?

您用如下的模式回答您的问题：这是我的名字，我代表这些，这是我的特点，这是我的品质。运用您的品牌思维彰显自己的特点，与他人区分开。

→您越是要与他人区分开，则越是需要打破常规。

→您同他人区分开。

→您处于一个位置。

这是策略的基础，这是您的品牌的主线。

→意识

→差异

→定位

→策略——主线

→登场

→品牌管理——重要的是去做

> “我们一直以来都想让我们的广告宣传
> 能引人注目，使人们产生截然不同的感受，
> 甚至故意向受众发起挑衅。”
>
> **霍斯特·诺伯格（Horst Norberg）**
> 原万得-土星控股有限公司CEO

嘣！……醒了？感觉“惊讶”。一声爆裂声——不知道发生了何事。在一阵震惊以后，许多人重新开始询问和了解发生了什么。惊讶在我们内心深处震动。它引起了非常强烈的感觉，快乐、厌恶、害怕或者愤怒。每一次惊讶都是一种警告信号。这种概念对每个人来说都是一样的，无论是心理学家，医生还是法律工作者。惊讶将我们从日常生活中拽开，引起我们的注意。我们被迫处理突然发生的事件。所有感觉都是清醒并且敏感的。这是一种自然的保护反应。广告也利用这一点。在交际行为中我们经常碰到惊讶原则。对此问题是：这是涉及没有跟品牌明显关系的单独行为还是带有明显目的的品牌策略的一部分？

→

“令人惊讶”原则

惊讶效应经常用于讨论中并且使情绪高涨。每次都引起注意。我观察到对此有非常不同的观点。那么，广告的令人惊讶可以做到什么程度且如何定位呢？人们是会普遍允许这么做还是指责其会违反道德或者文化上的价值观念？

引起注意还是有损内心

这些截然不同的讨论也让我认识到，“惊讶”有不同效果。有些极端的情况似乎已经包含了打破规则。一些人说，通过运用“惊讶”原则，我吸引更多关注并因此实现意义。另一些人指出“惊讶”的医学观点，根据这一观点，一个人内心深处的性格会被一次令人震惊的事物长期所损害。广告中的惊讶成分对他们来说是刺激且经常与禁忌联系在一起。在讨论中也经常提及，一个广告行为是否“令人惊讶”，或者只是一次故意的煽动——妄图使人产生截然不同的感受。

过分的注目引人抱怨

过去关于“惊讶”原则最有名的例子是时尚品牌贝纳通（Benetton）。贝纳通由于其攻击性的——事实上是非常挑衅的广告方式引起了强烈的讨论。在最终消费者中开始，经过人权团队评议，成为了大众传媒的热点。时至今日，许多人的脑海里还记得贝纳通当时是如何吸引他们的注意力的。在这些最有名的活动中，有一幅画的主题是，油桶在海上爆破后溅得鸟身上到处都是油。然后还有一幅画是被鲜血浸湿的军装。它属于一位在波斯尼亚战争中牺牲的军人。在宗教主题上，贝纳通更是不懂得自己的分寸。在他们的一个广告中，教皇本笃十六世竟然在与领拜师艾哈迈德接吻，这引起了梵蒂冈的愤怒，他们决定采取相应措施来威胁贝纳通。然而在此期间，出了一位新教皇，这件事情便不了了之。

在德国，贝纳通这种活动方式引起许多德国广告委员会的讨论。德国广告委员会成立超过四十年，他们负责审查广告行为中的争端。贝纳通多次被严重警告。2000年许多公民甚至在联邦法庭提起对贝纳通挑衅和侵犯性的广告的诉讼，但是没有成功。尽管存在这些有伤风化的内容，贝纳通还是处于法律框架内。贝纳通认为人们想要关注不良事件，这是合理的。贝纳通的负责人每一次都达到了他的目标。它得到了更多的关注，比计划的还多。

贝纳通通过它令人惊讶的广告达到了两个重要的效果。其一是瞬间产生惊讶。人们完全没有心理准备地碰上这些活动。在日常生活中没有人想到，能看到沾满牺牲了的军人鲜血的军装。通过打破社会常规增强他人对此的关注。旁观者完全是被迫接触广告牌上展现的情形。这有力地打乱了他们的日常生活。因为这一些广告内容并不合常规，所以吸引他们更深入地接触这一广告。即使这些广告被评为暴力的或者骇人听闻的，但不管怎样达到了一点：人们接触了广告。

您认为人们会对每天晚上都在新闻里看到的图片产生越来越麻木的感觉吗？那么您就看看下面这个例子吧。

这是在法兰克福非常正常的一天。在火车站一带到处都是商业交易行为。交通车辆费力地穿过街道。骑自行车的和滑板的在车辆间来来回回地穿行，从街道上跑到人行道上，又从人形道上跑回街道上。行人成群结队地经过街道。单独的行人走自己的路或者挤到人群中去。另一些人站在橱柜前观察着商品。火车站周围就如同一个蜂箱。人群一波又一波。人们要么冲向数不清的出租车，要么加快脚步追赶火车。摩托车、柴油车和汽车的马达在一整个早上都发出声响，与嘈杂的说话声和广播声混合在一起。有一个街头艺人在一个角落表演，在他旁边的卖报女在整理报纸，不远处的旅客在问讯处打听消息。一切都是正常的。

在法兰克福火车总站等一颗全新的肾

突然在人群中出现了一张病床。在床上，躺着一位病重的年轻人。他身上带着维持生命的机器。在他一只手上绑着输液管。输液管连着药瓶。在另一只手上系着一根更紧的管子。这根管子与一个移动透析设备连在一起。透析设备上有一台清晰可见的监控器。上面显示心跳、脉搏、血压和其他生命机能的数据。很明显能看到血如何从病人的身体流到透析设备进行血液循环，再重新流到他的身体。这个虚弱的病人忍耐着熬过八小时的透析。

当您在铁轨旁看到这样的场景，您会想到什么呢？您会做出如何反应呢？您觉得这是一个捏造出来的故事吗？

不，这件事是真的。2012年夏天，一个从出生起就患上代谢病的27岁男子想要引起公众对“德国器官捐献”的关注。起因是当时存在于一些诊所的器官捐献丑闻。这些诊所通过受贿伪造病人信息，让有钱的病人能很快得到救命的器官。

对此，这个男人采取了不同寻常的措施。他将透析仪器搬到法兰克福中心火车站的站台上。在这些游客等火车时，他想表明，他们的“等待”是有意义的。这项具有游击特征的行为引起了人们的注意并引起了全国范围的媒体报道。正常情况下在火车站上没有病床。当急救员在火车站上救人时，就已经非常稀奇并能引起关注了。除了游击因素，还有这个令人惊讶的时刻。火车站透析的场景将人们从日常生活中拽出来，使他们面对没有意料到的事。他们站在那里观看，并希望弄明白他们看到的情形。当人们确定：“哦，天！这是一个严重的病人！”这个时刻就会变得令人惊异。这是真的，这不是在演戏。脑子里瞬间出现了无数张图。每个人都有生病的经历也就会有各种各样的情绪出现。所看到的场景使人震惊。在数小时后，人们还在讨论这件事，因为他们对此被深深地触动。通过相互讨论，这件事变得更加印象深刻。人们长时间关切地讨论这个话题。这个患肾病的男人想要运用这个效果来引起人们对社会弊端的关注。假如他只是在一份报纸上进行报道，那么很可能就没有如此效果。

惊讶的瞬间使人们产生截然不同的感受

“惊讶”原则就如同“嘣！”的一声。它使一个人在毫无准备的情形下碰上并爆出火花。问题是，人们如何通过这一原则打破交流成见。人们应该如何把握这一“惊讶”的度呢？我认为没有什么比“惊讶”原则更能产生两级分化了。对一些人来说这是挑战、刺激，对另一些人来说这就已经是一种身体上的创伤性行为了。

德国最古怪的品牌之一是万得城（Media Markt）。这个交易品牌经常上头条新闻。没有人比霍斯特·诺伯格（Horst Norberg），前万得-土星控股有限公司（Media-Saturn-Gruppe）CEO更适合对此进行个人阐述。

霍斯特·诺伯格(Horst Norberg)

万得－土星（Media－Saturn）股份有限公司是欧洲最大的电子交易市场运营商。它将万得城（Media Markt）、土星（Saturn）电器专卖店和瑞德康（redcoon，德国十大网上打折电器商店之一）销售线连在一起。

万得城由海尔格（Helga）和埃里希·克勒哈尔（Erich Kellerhals），沃尔特·古恩茨（Walter Gunz）和利奥波德·施泰福（Leopold Stiefel）在1979年建立。他们的想法非常先进：万得城要供应大量的著名电子产品，并且基于长期低廉的价格以及在一个广泛的销售层面。这些缔造者在那时推出一个新的电子产品交易模式，这样做明显地与个体交易区分开来。很快在整个德国出现了许多市场，1989年第一家万得城在德国国外开业。这是该品牌在欧洲范围内扩展的开始。

土星（Saturn）电器专卖店的建成时间要更早。1961年安妮（Anni）和威廉·瓦芬施密特（Wilhelm Waffenschmidt）夫妇以土星－汉莎（Saturn－Hansa）为名建立起科隆第一家土星（Saturn）电器专卖店市场。该市场一开始只是为外交官所用，但从1969年开始，私人买家也可以在那里购物。在科隆外有越来越多的市场出现。当1990年万得城获得土星－汉莎贸易有限公司的控股时，万得－土星股份有限公司的两个品牌战略的基础实现了。1996年许多德国公司合并为麦德龙股份有限公司（METRO AG），该公司多数股份属于万得－土星股份有限公司。

2011年，万得－土星股份有限公司获得电商瑞德康的多数股份。这个由赖纳·赫克尔（Reiner Heckel）在2003年建立起的公司是万得–土星股份有限公司的第三条销售线，流动的市场——2012年003.ru这个纯网络公司平台由此进入市场，通过引人注目的广告语比如“我不是傻瓜（万得城）”“吝啬最棒”以及最新的“对！技术重要！”（土星）和“前所未有的便宜”（瑞德康），三个销售品牌获得特别高的知名度，早就超出了德国的界限。2010年该公司开始实施万得城和土星电器专卖店线上和线下紧密连接的多频道策略。2011年取得206亿欧元营业额和超过900家固定市场，拥有网络商店，万得–土星股份有限公司现在出现在18个欧洲和亚洲国家，拥有来自于115个国家的70,000名员工。

自从1987年起，霍斯特·诺伯格属于该公司一员。在他成为德国土星电器专卖店的管理人员前，他首先管理布伦瑞克（Braunschweig）和米尔海姆（Mühlheim）的万得城。他2001年被任命为万得–土星股份有限公司的首席营运官，2011年以来他是该公司企业管理主席。他从基础做起，一直做到最高层，被视为贸易领域里有经验的专家。

阐述

→万得–土星控股公司的宣传应该使人们产生截然不同的感受
→品牌要信守对质量的承诺
→广告不应对人有害

我们总是想要通过我们的广告行为引人注目，两极分化使人们产生截然不同的感受并且做出挑战。每个广告的目标是引起关注，这也适用于万得城和土星。通过我们强有力的广告标语，我们一直都在实现这一点。尽管如此，我们的行为总是伴随一些批评的声音，但是我们认为这种截然不同的感受非常好。“吝啬最棒”将占主导地位的消费心情带入讨论之中。另一方面，该标语引起了对“吝啬”这个词的争论。人们认同我们的广告抑或讨厌我们的广告，这都不重要，重要的是他们对其有所谈论、有所思考——这才是我们的目的。我们简洁明了且特立独行地做到了。

然而，我不赞成的是万得城和土星想要通过其广告引起震惊这一观点。震惊产生于使人们内心震动的充满压力的事件。这从来不是我们广告的目的。广告应该要有吸引力，有趣，有娱乐性且也要有刺激感。但在广告中不应该出现有害的内容，因为企业也承担着一种社会责任。对我们来说带有种族歧视、性别歧视、政治性或是宗教性的广告都是不行的。因为毕竟人们是完全无准备以及没有保护地收到广告的。我不想让我们的广告伤害任何人，或者使他们产生不安。

品牌通过广告获得一个形象和一种特征，这对品牌的知名度和受喜爱程度有影响。对大品牌来说，能有与其他品牌相区分开来的单独特征是非常重要的。因为通过这些特征，一个企业和品牌才能特色鲜明。我们广告的作用是我们有意激发的。我们尤其想要影响品牌标志并决定品牌如何被顾客感受到。为了建立一个品牌，需要不仅仅是有吸引力的广告，品牌的质量也是非常重要的。品牌也要信守对质量的承诺。关于万得–土星，其发展不是依靠打破常规的策略。我们更多地在这一行业建立起欧洲最有能力的固定交易圈，并且现在正在将自己发展成为多频道交易的领导力量。我们对质量的承诺——我们广告的核心——一直都是价格。这是使自己与众不同的最简单的、最有效的并且同时是最长远的形式。我们是商人，除去我们的少数品牌以外，我们不生产商品。顾客可以到任何地方买到我们提供的商品。一个广阔的选择范围对顾客来说当然非常有利，但是这不是我们的单独特征，我们也不会因此显得特别。“我们出售由××生产的电视”单单这样的话是不够将其从竞争中凸显出来的。需要做到更多——除了价格还要服务和商品的种类。此外，顾客在将来可能与我们建立起长远的联系。我们不断创新，不断发展，这使我们的企业、品牌、购物体验在顾客中变得非常特别。我们的企业策略不是打破常规，而是成果，这也是在顾客中最有说服力的论点。

一个品牌在开始定位时总会有一个问题：什么是这个品牌独有的？什么是我们能做的，什么是其他人不能做的，我们怎么样使自己同他们区分开来？只有当这些问题解决了，才有机会在自己的广告中做出使人们产生截然不同感受的表达。大企业还是中小企业都不重要。企业经常犯这样的错误，在自己的广告中没有加入自己的特点，这样他们的广告就千篇一律。这些品牌当然在竞争中十分困难，因为顾客最终发现他们的广告内容空洞乏味。在广告中不需要刻意地去装“笨拙”或者“呆板”，许多优秀德国品牌都不是这样——他们通过产品的品质和效果令人信服。在广告中不能只是“信口开河”，还要在品牌上信守承诺。

我们的行为也产生了大量的回应，比如万得城的“我们给予您增值税”。这些行为当然被顾客视作为广告。但是，这是由市场发动的，同时也被输入了品牌形象。在这里重要的是成为第一个吃螃蟹的人，而并不只是随波逐流。如果想要吸引顾客，必须要给予顾客一些特别的东西，不仅在广告上如此，在销售上亦是如此。若广告只是平淡地勾勒每天市场上的行为，就会变得毫无特色，消费者也就对此丧失兴趣。

近几年，新媒体的运用增加了广告的压力，消费者根本无法抗拒广告的热潮。假如像“吝啬最棒”这样的广告语被顾客用在日常生活中，那么就表明这些广告语已经潜移默化地固定在顾客的脑海里。我们团队里的每一个品牌都有一个特定的成熟程度，它决定品牌的展现形式。比如瑞得康处于完全不同于万得城或者土星的阶段。该品牌早就在网络上非常火热，我们必须对其重新定义并更清晰地在顾客中定位。在此之前瑞得康知名度太小， 我们的行为使得它增加一个水平，而我们已经在万得城和土星上做到了这一点。当时对我们的行为有一场充满争议的讨论。最后结果表明，我们走在一条正确的道路上。我们的广告目标就是唤起消费者的好奇心。他们的下一步就是对我们的产品性能进行测验。

“惊讶”原则并不是永远都值得推荐。当涉及政治和文化问题时，人们就如履薄冰。贝纳通是令人惊讶的，但因此不是激动人心的。使人们产生截然不同的感受，是产生“惊讶”的一个选项；能做到这一点的广告，将能引起人们的注意。截然不同的感受会引起摩擦，使人们产生极端的观点。人们可以深入研究这些观点并与其产生冲突。有些人觉得这种极端非常好，有些人会对此进行谴责。

我认为万得城在许多方面做得很好。作为贸易品牌，当万得城突然闯入德国市场时，我认为它有一种极端的品牌核心——自己的品牌核心。在作为顾客的我看来，他通过自讽来表现自己。“我不是傻瓜”这样的标语使自己略带喜感。在广告中加入喜剧演员的表演则更凸显其讽刺意味，并为顾客所感受。这就是强有力的品牌管理。同时万得城是一个纯粹的交易品牌。他们购入品牌并出售品牌。万得城是个销售品牌，并且只有价格是有力的竞争武器。我想询问作为一个潜在顾客的您：品牌体验在哪里呢？在哪里感受到品牌呢？假如我在万得城买了一台三星电视并安装到家里，没有地方显示“在万得城上购买”，那么我甚至也慢慢怀疑自己是否真的买到了最有价值的东西。

“在此刻有个人在世界上某个地方无辜地被处决了”

就像上面提到的那样，“惊讶”原则经常在游击营销行为中运用。大赦国际（Amnesty International）经常运用这种方法。您想像一下，您如何在漫长一天的工作后回家。当您到您的车库时，天已经黑了。您拿出一条钥匙串来开车库的门。只是这次不是钥匙串。而是一串系好的麻绳。在绳套的末端有一张纸条，上面写着："在此刻，在世界上某个地方有个人被无辜地处决了。"您想一下您会有什么感觉！

这种行为毫无疑问会使人产生截然不同的感受，让人们不能冷眼看待。过了一段时间后，人们就不一定能记得起发信人了，其效果并不长久。当您看到大赦国际这个品牌时，您的脑海里会出现什么呢？您肯定能泛泛地说出这个品牌是什么以及做什么。但是很少有人能具体说出关于这个品牌的信息。也许这个品牌的某些行为被他们记在脑子里，但缺少品牌的核心内容。

接下来的例子展示作为品牌的一部分的"极端"效果。位于普拉赫（Pullach）的席克斯特公司成立于1912年。那个时候创始人马汀·席克斯特（Martin Sixt）就开始向有钱的顾客出租汽车。惊讶吗？席克斯特一直引人关注。在第一次世界大战中，他那艘载有七辆汽车的商船被没收了。之后席克斯特重新建立起他的事业。在第二次世界大战中，席克斯特在汉斯·席克斯特领导下再次面临相同的命运。自从席克斯特在1951年重建以后，该公司一直很稳定。如今席克斯特转变成为流动服务商，在全球拥有超过3000名员工，营业额大约有15亿欧元。

席克斯特懂得公司要长时间经营，必须要有所变化，要吸引人。这是品牌的一部分。这是席克斯特这个品牌的特征。"对，典型的席克斯特"这种话像一条主线一样，从品牌核心经过交流一直延伸到品牌（参阅章节：《"不可预见"原则》）。席克斯特运用"惊讶"原则并从头到尾坚持。如果有什么东西令人惊讶地和橙色联系在一起，那么它可能就是席克斯特。席克斯特有意地超越了界限，为了提供更多的品牌体验。该公司懂得要与竞争对手保持一定的距离。在机场上无论是服务，服务包还是广告，席克斯特有独到之处——清晰的定位。对此，该公司不是永远都能获得掌声。席克斯特经常面临广告委员会的审查。有一件事对席克斯特来说是确定的：头条与关注度。当一位潜在的顾客需要租一辆车时，他的脑子里马上想到了席克斯特。

橙色刺眼，橙色警示，橙色引人注目

席克斯特公司的颜色就已经够有挑衅性了——橙色是一种警告颜色，它是对危险的警示。橙色经常运用在施工地、营救场所、机场或者日常生活中。它代表："注意，这里有情况！"橙色使自己突显——特别是在灰色的广告图里。当看到这些黑白色的广告图时，橙色就特别显眼。比如去机场租车的地方，看到席克斯特标志性橙色会让人觉得温暖。但是要是把整个机场塔台都刷成橙色，就会引起抗议。因为这与环境不相适应。汉诺威机场有过类似的例子。

这跟一个得了肾病的男人不一样，它不是单独行动。该机场塔台既有交流的作用，也是品牌的一部分。席克斯特有意地打破常规，其中还包括一些政治性话题。这对于万得-土星来说是无法想象的。席克斯特的两个最著名的话题是关于2001年描述默克尔的图。其中一张图画的是我们现在的总理，其发型普通无聊。下面写着："想要换个新发型吗？"在第二张图上默克尔的头发非常长——上面接着一句话"租一辆小轿车吧！"这两张图是黑白色的。这两句话的背景是橙色。这就是打破常规。许多CDU（德国执政党基督教民主联盟）支持者认为这两张图非常惹人不快。而席克斯特则回复他们，默克尔应该要懂得幽默。

然而奥斯卡·拉方丹（Oskar Lafontaine）对描述他的广告不感兴趣。1999年席克斯特开始画总理格哈德·谢勒德（Gerhard Schröders）的红绿内阁成员的肖像。拉方丹的图被删去了，对此席克斯特描述道："席克斯特也租车给在实习阶段的员工。"拉方丹不久前作为财政部长和SPD领袖辞职了。他向该租车商索要10万欧元的赔偿损失，因为他们侵犯了其肖像权。结果，拉方丹输了这场官司。

2007年"参军吧"活动引起了对于容忍界限的讨论。在广告牌上能看到一个坐在越野车上的联邦国防军人。在该图下方写着："体验友谊的含义，向敌人展示您的极限，开比席克斯特更便宜的越野车。"那时，由于外国人在联邦国防军中的参与引起了公众对下一代和对武器缺乏问题的讨论。完全看不出来席克斯特是该广告牌的制造者；上面只有一个网址。从交流的层面来看，席克斯特做的一切都是正确的。然而紧接着就出现了一则俗不可耐的、令人惊讶的、毫无社会意义的广告。当三个联邦国防军人在阿富汗遭遇自杀式袭击遇害时，这个广告还在上演。这引起了民众巨大的愤怒，媒体也都为之震惊。随后不久席克斯特只能将这一则广告删去。甚至今天人们都很难找到这起事件的资料。

当然，席克斯特也有既令人惊讶，又十分有趣的行为。几乎每个人都认识"悬挂的汽车"，被机场作为交流平台重新利用。乘坐完飞机以后还需要乘坐汽车和火车的顾客可以租一辆汽车。"悬挂的汽车"是一辆中等大小的交通工具，其头朝向机场顶端并悬挂着。它不是由绳子悬挂的。飞机的轮子和机场顶端由牵引绳连接。人们的反应由"哦，天哪！"转变为"这是怎么支撑的？"再转变为

"希望它支撑得住"，最后得出"啊，这就是席克斯特会做的事"。惊讶效果是一种清晰的定位和区分的标志。该公司通过该品牌在竞争中凸显出来。因为席克斯特的品牌管理者有勇气打破常规，他在其行业提出自己的规则。"惊讶"也是该品牌的质量承诺。顾客可以全面地获悉席克斯特的服务与品牌。可能因此有许多顾客接受席克斯特广告中的幽默成分，因为他们相信该品牌的质量并可以体验到该品牌。

摘要

根据"惊讶"原则建立品牌的要求非常高。基本思想是：我是怎样的一个品牌，我想要顾客体验到我的什么内容，什么是我的特别服务？下面是一些"怎么办"问题。

→我如何定位自己？

→我如何使自己同他人区分开来？

→我想如何交流？

→我如何引人注意？

→我的主要内容是什么？

当然这些问题在品牌管理和其他原则中也出现。以“极端”为主题，“惊讶”原则还需做出行动。这里不只是打破行业的常规，还有在可接受范围内的适度的挑衅行为。这特别涉及如下领域：

→宗教
→政治
→性别
→团体
→品格（受保护的自我）

违反法律法规的人必须要知道后果的严重性。这可能会引起广告委员会的诉讼或者法院的控告。

想要做到极端的人，其目的在于使目标群体激动。这也可以通过快乐、幸福、爱、厌恶、生气或者类似的情感来实现。这些行为在我们的心里打下深深的烙印。其过程如下：

→发生完全令人惊讶的不合周围环境的事
→这些行为或内容引起兴趣
→这些内容被接收
→持久地思考这些内容
→从中引起了非常高的关注度
→再次看到广告的时候又重新对广告产生意识

惊讶，在大多数场合取决于观察者。对一些人来说是惊讶的东西，对另外一些人来说可能是挑衅的甚至极端的。原则上我希望通过一些单独的行为引起特别的关注，如同那个透析病人的例子一样。假如我计划许多挑衅的行为，那就必须要仔细检查，这是否适合我的品牌核心。

在两种不定的情况下可以运用游击思想。这符合惊讶的人的特点：在他最没有预料到的地方给予重重的一击。对惊讶瞬间的运用是完美的，以获得高的关注度。前提条件：周围环境吻合以及适度原则。

"我们会以在行业内没有其他人
敢于去做的方式来做品牌传播"。

马库斯·兰格(Markus Langer)
赢创工业集团(Evonik Industries AG)营销与公关负责人

在生活中我们会遇见各式各样的人。我们乐意与其中一些人相处，对另一些人则不然。其中特别令人讨厌的是那种所做与所答完全相反的人。其次，还有那种明明一直表示同意却会在突然间转变意见的人。人们永远也不会知道自己周围有这样的人，因为他们的出现是不可预料的，并且，也很难对他们进行评估。这也正是他们个性的一部分。在品牌中，也有相同的情况。这对于品牌来说，倒不如说是负面的前提条件或是特质。不可预料性倒也可以有积极的作用，但是运用错误的话，一不留神就可能会掉入陷阱中。对品牌盲目的冲动行为或者轻率粗放的管理就像令人讨厌的个性一样。这样的品牌也具有不可预料性，并且一直未被注意。然而，一些品牌则灵活地运用了不可预料性的原理，接下来要讲的就是一个鲜明的例子。

→

“不可预见”原则

胜负已分

在一天的清晨，升起的太阳与碧蓝的天预示着一个炎热的夏日到来。鲜绿的牧草上躺着的露水，化为薄雾升起。牧场上有奶牛在吃草。透过晨光，群山显得格外遥远。

这时几辆成吨重的卡车呼啸而至。它们在一片空地卸载。人们敲锤子，拧螺丝，拉锯，大呼小叫，建起一个巨大的看台。紧接着，人们架设隔板，铺设电缆，挂起横幅，安装好灯光和音响，设立好摊位并把它们配备齐全。一些树干被拉到一起备用。试音盖过了一切——就像是在准备一场摇滚音乐会一样。

空气中飘着柴油、汽油、金属、松香、皮革、烤肠和薯条的味道。组织者和演员在现场忙碌奔波。渐渐地，观众开始聚拢过来：成千上万的人来到位于阿尔卑斯山区这里。男男女女，还有带小孩的家庭，纷纷到巨大的看台上就座。幕后，是相关人员专业性地忙碌和高度地集中。在后台等待的几乎全是男人，看起来就是真正的男子汉。他们质朴，豪放，充满了令人难以置信的肌肉。他们一些人蓄着狂野的胡须，留着长辫子或是会反射灼热阳光的光头。其他人则是纹有纹身，留短发，蓄轮廓胡须，戴着醒目的头巾或韩式的棒球帽的狂热粉丝。他们结实、坚韧，目光中充满决心。

在震耳的音乐和观众雷鸣般的掌声中，主持人登上了舞台。音乐停了下来，主持人准备讲话。那一瞬间，仿佛连一根针落到地上都能听见。接着，活动拉开了帷幕。观众像一群忠实的粉丝一样，顿时沸腾了起来。欢呼声中，两个外貌成熟的男子被主持人喊到名字站起身来，走到标记好的地方。在众人的欢呼声中，伴着嘈杂的音乐，两个男人拿起了斧头，站到先前摆好的树干前。一声令下，斧头带着他们全身的力气劈到木头里，粗大的木屑向四面八方溅裂开来。他们的皮肤上青筋暴起，汗水在阳光下闪耀。他们呻吟，喘息，甚至叫喊起来。突然间，舞台上消停了下来，只剩下人群的喧闹和掌声。其中一名男子低着头，两只手撑在后腰，艰难地喘着粗气，目光中满是灰心与疑惑。胜负已分，另一个壮汉双手高举到空中，深吸了一口气，享受兴奋的观众的欢呼。

这场起初看起来像是一个不错的度假宣传片，接下来发展却更让人联想到AC / DC澳大利亚摇滚队或邦–乔维（Bon–Jovi）的演唱会的活动，实际上是斯蒂尔（Stihl）公司，一家林业和建筑设备制造商TIMBERSPORTS®（斯蒂尔公司旗下的一个产品系列）系列产品的宣传视频。惊讶吗？其中，斯蒂尔公司的传播工作发挥了作用。那么，这与我们的不可预见原则又有何关系呢？这个问题问得好，所以接下来我们来看看几个事实。[①]

斯蒂尔机械制造公司于1926年在斯图加特成立。他们最早的一款切断链锯配有电动机，重量不可思议地只有48千克。三年后，斯蒂尔制造出他们第一台汽油动力锯。随着业务不断拓宽，开发了更多新的市场，甚至发展到了海外。今天，斯蒂尔已经是一个国际性的运营公司。它从家族企业，中小企业到一个全球性的品牌，始终脚踏实地和保持着传统。

---

① 参阅 http://www.youtube.com/watch?v=AsrszMdLX7A.

实际上，链锯产业是由技术部门推动的非常脚踏实地的商业领域。在厂商方，有开发商，技术人员和制造商；在客户方，则有工程师，工匠，技术狂，伐木工人和业余林务员。在这里，人们通常只谈技术和数据。双方都十分了解对方，这形成了一幅自成体系的世界景象。这些企业的品牌传播工作也是与之相配地专业，详细来说，其实就是传单，海报，目录，也许还有写有广告语的帽子等其他广告材料。它们往往是纯粹的广告和数据为基础的产品信息，注重事实而非情绪——这也仍然是大多数德国B2B公司的情况。然而，在这个世界上总有竞争，也总有新的市场，如果不去开拓就会由其他公司占领。斯蒂尔早已对市场营销方面感兴趣，非常具有品牌意识和开拓精神，同时也是品质的代名词。

鉴于目前的全球化以及国际业务和新的利益集团增加，斯蒂尔在行业中采取了新的营销途径，开始着重于深入人心的品牌传播，与客户对话。许多消费品牌已经走过这条路。最常见的例子就是可口可乐。他们早就懂得，通过举办音乐会或其他活动，使自己的品牌深入人心。但是，这对机械制造行业来说完全是陌生的。在宣传机械良好运转并且可靠方面，倒是有足够的行业经验。斯蒂尔踏上的是不同于行业一般公司的道路。该公司开始把客户当作粉丝，对每一个粉丝都可以与之建立一条更强大和更有情感的纽带。这一点上，演艺界，

建立情感纽带：把顾客培养成粉丝

音乐界和体育界已经做了几十年的榜样了。斯蒂尔借鉴的这个想法，使自己的品牌深入人心，同时激发产生新的目标群体的品牌。它给予斯蒂尔TIMBERSPORTS®系列一个主题，并通过其品牌传播像一条红线把它和主题串

到一起。

很早开始，在美国、加拿大、澳大利亚和新西兰的伐木工具商之间会展开相互竞赛。斯蒂尔利用了这一点，它将这些竞赛职业化，并在1985年创造了斯蒂尔TIMBERSPORTS®系列。这十分新奇并令人吃惊。行业中，此前没有人发现能将体育竞赛作为自己的品牌宣传手段。体育使人欢欣鼓舞，把它与品牌相结合会使品牌变得深入人心，可以想象，可以把握。客户是观众，观众是粉丝，而粉丝会带他的好友去看一个体育赛事。比赛充满了一些好的情感和惊喜，每个比赛都互不相同。没有什么是可以预见的，除了下一场比赛的安排和工作的器材——那就是品牌。

2001年斯蒂尔Timbersports®系列登陆欧洲并迅速获得了大量的粉丝。比赛的安排是完美的。一切都是量身定做的并且在计划之中。这对企业来说是可靠性的体现，不可预知的仅仅是竞赛本身。

本次活动将在所有的传播层面被利用。一切都是为了将品牌与它的价值和产品相配合。通过引入体育赛事，斯蒂尔令人惊讶地同时顾及了重点并定下了品牌传播规则。体育赛事是可以预见的。总是令人惊讶和不可预见的事情在于比赛本身。有新的故事，球迷们谈论他们的经验，结合经验和品牌，最后他们通过分享照片、视频或只是与其他人再次讲述这些故事，构建出一条品牌传播的链条。真正的粉丝，当然会想要这些信息传单，海报和棒球帽，而此时这些东西在他们的眼中已经不会是

广告变成粉丝

广告了。

相似的，赢创（Evonik）公司也打破了行业特有的品牌传播规则。对我来说，赢创也应用了“不可预见原则”。我与马库斯·兰格（Markus Langer）——赢创公司市场营销和公关负责人，交流过他对作为品牌战略一部分的品牌传播工作中“不可预见性”的观点。他总是很清楚自己在做些什么，并出色地完成他的工作。我很高兴有他在这里。

马库斯·兰格（Markus Langer）

大学专攻罗马语言文学，政治学和经济学。今年48岁的他最初是一名自由撰稿人，供职于法兰克福汇报和德国西北广播（WDR）。这之后，他作为贝塔斯曼（Bertelsmann）股份公司AG集团的新闻官开始了他传播工作的生涯。

90年代末期，兰格先生成为在线品牌传播的领导，负责维护这家媒体企业的网络形象。从中他提出了集团内部网这一构想，并把它扩展成一个全球企业领导及员工的门户网站——BeNet。这个四种语言的新闻与服务门户网站为贝塔斯曼股份公司AG集团的8万员工提供服务。

早在2004年，马库斯·兰格跳槽到了德固赛（Degussa ）集团，领导内部传播工作。2007年，他接手赢创工业集团（Evonik Industries AG）营销管理工作。在此期间，他主要负责本集团的新公司品牌及品牌战略的实施和控制。

赢创主要来自鲁尔集团股份公司（RAG）【前身为鲁尔煤（Ruhrkohle AG）】及其主要的子公司、煤电股份公司（STEAG）和德国金银精炼厂（Degussa）。鲁尔集团成立于1968年，占据德国煤炭工业约80%的份额。煤电股份公司是德国最大的风电企业，它的历史可以追溯到1937年。相比之下，1873年已经成立的德固赛集团则拥有更长更多变的发展历史。

2006年鲁尔集团公司将其化工、能源和房地产的业务划分出来，成立鲁尔-贝特莱冈斯（RAG BETEILIGUNGS-AG）公司。这家公司在2007年9月12日更名为赢创工业集团。2011年，这家位于埃森的拥有23,000员工的公司销售额达到了125亿欧元，并因此成为了世界上最大的活跃在国际舞台上的特种化学品公司之一。它的一个最有名的产品是宝克力（PLEXIGLAS®）。在赢创公司建立品牌的过程中，体育赛事赞助担当了重要的角色：2007年以来，赢创一直是多特蒙德队【Borussia Dortmund (BVB)】的赞助商。

阐述

→惊异是认识的开端

→品牌要留意自己的界限

→在一个受媒体过度刺激的世界里，需要清晰的公告和清晰的定位。

→起决定性作用的是与人形成对话。

接下来，为了说明赢创在化工行业中独树一帜的品牌传播，我想从赢创品牌的诞生开始讲起。赢创是一个在2007年由赢创工业集团成立的年轻的企业品牌，是鲁尔股份公司（RAG-Aktiengesellschaft）的副产品。这包括在2007年9月推出的化工、能源和房地产的品牌。难点出现在化工领域——以前的德固赛股份公司占据了新公司75%的营业额。这家新公司应该在交易所使用新的品牌名称。此次股票发行的基本思想是进行首次公开演示收益——德国煤炭工业的“继承负债”。一个强势的品牌是一个股票发行成功的必要条件。

赢创的前身品牌并不能达成这个目标，他们并不能在一夜之间扩展延伸，来代表工业集团有三个不同的业务领域。前身德固赛虽然具有较高的品牌知名度，但是这个名字实际代表着什么产品内涵已经不再清晰。人们经常会把他们已经放弃很久的业务（金、银的精炼以及汞），或者他们从来没有经营过的业务（钢铁）联系起来。“STEAG”只是在能源部门和莱茵-鲁尔地区有知名度。此外，不动产业务没有自己的品牌，而只是被指定为“鲁尔不动产（RAG

IMMOBILIEN）”。这样看来，前身的三个品牌都不能描绘出企业未来发展令人信服的前景，我们的确需要一个新的品牌。这就会引出这样一个问题：如何又快又吸引眼球地去实现这个新品牌？

首先可以明确的是：我们是一家纯粹的B2B品牌。我们的客户中有95%都是企业客户。此外，我们只与有限的人数相联系。换句话说，在德国大约有8,000万人，其中乍一看超过7,900万人都跟我们没什么关系，当然，也说不定哪天就会产生联系。要不仅建立起与经济金融决策者的相关性，更要顾及更广泛的人群，我们决定令人吃惊地引进一个品牌。各品牌推出的亮点在于，品牌名字的保密将作为一个比较“谁会这么做？”的比赛的一部分。紧张的心情来到我们身边：在品牌推出的三周前，电视广告和海报都已经推出，却没法提供发信地址。

目前尚不清楚谁策划了这场运动，但我们因此与许多原本不会对我们产生兴趣的人建立了联系。品牌上市后，赢创迅速获得较高的知名度。对于相对保守的煤炭行业与化工行业，这种形式的品牌传播是不同寻常的。那么，这是不是也是不可预见的呢？不尽然。惊喜和具有可预见都是我们想要的，其实它们之间并没有矛盾。当我们谈论品牌传播时，我们认为它必须是长期一致的。品牌是一个坚定的标志——一个值得目标客户信赖的承诺。品牌传播必须能够使承诺令人惊讶，以得到关注。这并不意味着随心所欲。目标群体必定要不顾一切惊喜，而去寻求一种永远与同一个品牌相关的安全感。

这个观点可以从柏拉图的一句话里找到哲学的基础：“惊异是认识的开端。”

这是一切的开始。只有一项事物让我产生惊讶，我才会开始有意识地面对这个东西，这种有意识地探索也才会开始影响我的思维和行动。有没有直接关系我的事物，则往往会被忽视。我们生活在这样一个充满着越来越多刺激的世界。在这个刺激过度的世界上，品牌的关键就是要找到关注和创造关联。只有这样一个品牌，一个公司或一个产品才能占据人心。

对我们的品牌，以及它应该以什么形象面世，我们有一条清晰的思路。所以，我们不惜冒险打破业界不成文的品牌传播规则。赢创品牌具有“大胆”和“前卫”的属性。这对我们来说意味着，我们会以在行业内没有其他人敢于去做的方式来做品牌传播——但总是与我们的品牌形象保持一致！我们谈到“打破规则”，是指打破品牌传播在行业内的普遍预期。化工行业如何进行品牌传播，或者更广泛地来看，工业集团应该如何进行品牌传播呢？大多数公司都遵照他们行业里所谓的基准。如果人们认同了这一点，就会相应地被限制住，品牌也是一样的。品牌意味着：我和别人不同，我很特别。这必须通过品牌传播加以明确，并应该是以一种打破行业期望的方式。

当然，人必须对自己能走多远有一个清晰的概念。弗朗西斯·毕卡比亚（Francis Picabia）说过，头是圆的，因此想法是可以改变的。这正是品牌传播希望通过打破惯例来实现的依据。不过，这之中当然也有限制。我们对文化差异是远远不敏感的。很多东西不能直接从欧洲照搬到美国或中国使用，否则将违背我们作为一个全球性的公司对其他文化的尊重。逾越了这些限制，将会得到与我们所设想的完全相反的结果：我们可能只会给人当头一棒，而不是激发出新的思路和视角。

然而，并非每个被信以为真的文化差异都没有人提出过质疑，他们之中有一些仅仅是为了交际需要的陈词滥调。我们讲一讲来自美国的“达美乐披萨（Domino’s Pizza）”的例子。

大约三年前，达美乐披萨因为个别员工不正确的行为陷入了危机。在危机时刻，沟通是十分必要的。为了从危机中走出去，负责人员打破了金科玉律。在美国，人们会说：“决不批评你自己的产品。即使自己的产品有所改进，也绝不要在广告中提及！”正是靠打破这些规则，达美乐披萨停止并扭转了品牌的下降趋势。他们制作了一个专门在网上发布的四分钟的视频。您可以看到达美乐披萨的一个顾客调查。顾客们比较诚实，做出了如“比萨饼味同嚼蜡”这样的回答，这还算是其中最友好的语句之一。后来，视频中显出达美乐披萨员工对这些回答的反应。他们深受打击，但也表示必须做出一些改变。然后我们会看到员工们如何开始改变食谱。视频最后以一个开放式的结尾结束：达美乐披萨的两名员工开车去找一位曾经对他们进行激烈批评的顾客。站在顾客的门前，一名员工跟另一名说道：“现在我很好奇她会有什么反应。”这是个相当勇敢的举措！达美乐披萨敢于去做的，是在此之前从未有人尝试过的。他们打破了行业中不成文的规定。

这是我们针对三个目标市场做的国际活动。其中我们将我们的品牌承诺“力量铸就新生”做了一个带有挑衅性，但能建立关联性的合理效益的诠释：“我们热爱您的问题”。这首先引发了内部讨论。它带来了这样一个问题：这个活动是否是国际通用的呢？毕竟在许多国家，谈论存在的问题似乎是应该忌讳的。

但是随后我们发现，这只是取决于，能否在一个独特的背景嵌入关键信息。由此产生的内在联系将会引导人们的期望，并帮助他们更快地了解我们的表达。

现在您只需要想象一下，当您去一个交易会，沿着各个摊位走动。到处是可供交换的信息。然后，当你突然读到“爱”和“问题”两个词时，你会大吃一惊。因为这两个词与这里格格不入。

“爱”和“问题”这两个词在B2B的语境中是全新的。如果只有“问题”这个词，会显得很生硬。它会激起情绪，而且通常意味着拒绝。没有人乐意去讨论出现的问题。通常人们会用“挑战”来替代。因为每个人都会这么做，所以他们反而变成了没有意义的语句了，这正是我们想要避免的。正相反，“问题”这个词会激起思维过程。他们热爱我的问题？这是什么意思呢？这样，我们编制出了一条能够与人产生对话的、独特的、明确无误的信息。

怎么来促成对话或者说如何展开一个对话，对品牌传播是起决定性作用的。成功与否，就在于我们是否能让人们感到好奇并产生想和我聊天的冲动。关于沟通还有一个很大的误区，那就是认为通过优秀的、包含所有信息的、投入媒体的广告，我们就已经做到了沟通。实际上，到这个阶段，我们还什么都没有做到。沟通是在为了获得信息愿意交流的双方之间发生的。其中重要的不是独白，而是对话。这个认识绝不仅限于大公司，它也同样适用于中小型公司。这里也会出现沟通中的陈词滥调和惯例。为了最终能在与顾客的对话中标新立异，去打破这些惯例是很值得考虑的。

赢创在许多方面都是一个很好的例子。在B2B行业中，信任是十分受重视的。我们可以凭借良好的直觉说话，但必须考虑品牌。这一点一般都是适用的。信任是一个涵盖所有东西的框架。虽然像马库斯·兰格所说的那样，赢创有意地打破惯例，但沟通中的信任在这里仍然是前提。如果一个品牌是“大胆”和“前卫”的，那么这也是它个性的部分。我可以建立一个纽带将其连接。那么，一个品牌可以不是“不可预见”的，但仍然值得信赖的吗？

我会清楚地回答“是”。这是没有矛盾的。为了说明得更详细，我们挑一些事情来讲讲。品牌本质上是信任起点。通过对一个品牌地赞许，表示出我在了解一个产品的性能或者公司之前的信任。在更广泛的意义上说，信任其实就是品牌本身。当我进入超市几乎是自动选择了妮维雅的乳液时，这么做的基础在于信任以及直觉。

但是在B2B中，这看起来有点不同：作为前提条件，对企业的信任，比如对妮维雅也就是拜尔斯道夫（beiersdorf），会比较少，而更取决于你想使用和购买什么产品。想一想！通常情况下，人们的“胃口”决定了对产品的信任度。其基础可以从使用过这个产品的人身上，或在专业杂志报告中得到。这其中包括了如交货的准时性，汇兑协议以及可靠性等性质。而正是可靠性实际上排除了不可预见性——不可预知的，不可能可靠。在企业中，这样的名声是具有毁灭性的。

品牌是一个信任锚，并且可以拥有不可预见性

但是，当从制造惊喜的意义上看，不可预见性又有不同的效果。当我们通过品牌传播来与顾客系上红线时，尽管显示出不可预见性但仍然有迹可循。当人们说："好吧，这就是那个品牌的风格。"表明人们并没有挣脱信任的框架。人们喜欢惊喜，随之而来的是沟通。不可预见性适用于引起注意，但内在的沟通则一定要带来可靠性且可预测。

具体来说，这意味着使人们在惊讶的同时也会想到："这就是这个公司的风格。"这些在第一次品牌传播留下的印象，不应该还在第七或第八次的营销活动中重复，而是应该得到确认！这就意味着，要在不可预见中加入可预见的内容。确认品牌印象的唯一机会就是在第一次带来惊喜的时刻，就像一个鲜明的签名一样。最后，与这一方面密切相关的是品牌的定位。通常情况下，人们会给自己的品牌一个不与其他任何品牌重合的定位。

将可预见和不可预见相结合

在谈到赢创时，人们不可避免地谈到多特蒙德队（Borussia Dortmund）。我很幸运，能与汉斯-约阿希姆·瓦茨克（Hans-Joachim Watzke），即多特蒙德足球俱乐部的CEO有过一面之缘。这是我作为拜仁足球队球迷仍然能有动力去深入了解多特蒙德这个品牌的原因。在德甲俱乐部里，多特蒙德足球俱乐部凭借其品牌理念扮演了特别的角色。这从体育馆的座椅就可以明显地看出：在德甲俱乐部的VIP区一般都使用瑞凯威（Recaro）座椅，但多特蒙

FCB由BVB成功的定义，却有不同的品牌精髓。

德足球俱乐部会说："不，我们就用水泥！这是我们的风格。我们不希望豪华。"之所以这么决定，是因为俱乐部来自鲁尔区，这样能延续他们的理念。

在最近几年，多特蒙德足球俱乐部对品牌有了深入的研究。一场几乎导致破产的危机使得他们不得不这样做。从某方面来看，这个企业的"濒死"是它转而寻求新的、与众不同的思维的原因（参阅章节：《"最大化"原则》）。这个转折是由瓦茨克一手策划的。他说："我们做的是一项非常坚实的重建工作。我们花的钱从来没有超出我们的收入。"即使这对多特蒙德足球俱乐部来说，意味着要花好几年来等待赛事上的成功。

"不可预见性"并不是不断对车子重新喷漆。

多特蒙德俱乐部坚持了这一点，并逐渐再次取得赛事成功。这也使得我们要考虑一个问题：如果多特蒙德足球俱乐部想参与上层的决策，就需要感召力。这又通过什么来解决呢？与这个问题相关联的，是拜仁如何用第一名定义自己。拜仁几乎囊括每个赛季的冠军，不是在这个赛季第一，就是在下个赛季。总之，拜仁是用成功来定义自己的。由于过去经历的背景，多特蒙德足球俱乐部不可能做到。多特蒙德队意识到，他们将不得不再次连败，尽管他们在2010/11，2011/12赛季连续夺得冠军。因此，多特蒙德队不得不思考：是什么造就了我们的身份，什么是我们的品牌核心？即使有的时候体育成绩不尽如人意，俱乐部总是需要感召力和向心力，座椅就是一个例子。

多特蒙德足球俱乐部的另一个手段，是它的门票价格政策。内部有人曾经讨论，要把站票提高到20欧元。但俱乐部对此说不，并认为南看台的站票不得高于14.8欧元。尽管更昂贵的票价可以使俱乐部管理层的收入更加丰厚，但是前提是不能够损伤球迷的利益。这是俱乐部对球迷支持和忠诚的一种敬意。此外，管理层意识到，门票价格超过一定限制之后，很多球迷将不能再到体育场来观看比赛。这个决定也清楚地体现了品牌的核心。该品牌具有一种向心力——一种管理上的自知之明。我个人比较相信，是那些负责人保持了门票的价格。这是比德甲其他俱乐部明确得多的定位。商业决策需要基于品牌，二者只能由高层管理来保证。

品牌不仅仅只是“有趣”的广告。这样的定义注定是短视的，不会持久。打造品牌的工作是长期的，需要一种激进的连续性。

每个人都应该考虑“不可预见性”的意义，以及它可以对品牌造成的影响。接下来要讲的是一个来自柏林的生意进展缓慢的瓷砖工人的反面例子。这个工人意识到，唯独柏林行业的竞争是巨大的。许多企业直接来自于周边。他很清楚：要从所有瓷砖工人中脱颖而出，他必须变得与众不同。到现在为止一切都是合乎逻辑的。这名工人还指出，尽管工地上有很多车，但却没有整天停一个地方的车辆，这非常正确。而且，大多数车还都是白色，灰色，银色或蓝色。

工人决定将他们公司的汽车喷成紫色。几辆货车第一次变得引人注目起来。但是除了汽车的颜色，并没有其他东西发生改变，营业状况也同样没有。

因此，他决定再次改变他的公司汽车的颜色。这同样只带来了一时的效果，并没有产生深远的影响。于是他第三次改变汽车的颜色。他的行为是不可预见的，但人们对他的产品的关注度并没有上升，反而是造成了混乱。他的所为与带来惊喜或遵循“不可预见性”原则的品牌意识肯定没有任何关系。如果工匠心中有一个品牌，他一定会摒弃这个没有增光添彩反而使他黯然失色的把戏。

这个例子很好地展现了我在本章开头谈到的陷阱。虽然工匠对他所能运用的东西有一定的观察，但他运用的方法是错误的。

瓷砖工人没能把他自己的品牌研究透彻：我是谁，我代表的是什么，我想成为什么？要定义自己的想法是正确的，但他必须考虑，他应该怎样给自己定位。如果颜色是其定位的一部分，应该选用什么颜色？经赢创的相关负责人分析：紫色是他们的行业中其他品牌没有使用过的颜色。通过这种在行业中不寻常色彩地运用会使（潜在）客户惊讶，这可以作为品牌理念的一部分。

但对于柏林瓷砖工人来说，颜色并没有传递任何如可靠性、清洁性的工作或速度之类的信息。工人确实在第一次把他的车开到工地上的时候产生了令人吃惊的效果。然而这对提升品牌影响是很勉强的。除了缺乏对品牌的理解，他频繁地更换颜色也产生了负面影响。连续性也是标记的一部分。反复快速变化的颜色使人们失去信任，变得不可预见起来。这传递出他没有恒心和耐心的信息，使他的“惊讶”起了反效果。在这种情况下，只有重新开始这一条路可走。建立一个新的品牌，长路漫漫！

优化：含有起积极作用的惊喜的可预见性品牌传播

一个品牌的本质是信任，而信任又是基于直觉。在我的品牌框架中一定要有品牌的特性。当它与我的个性相符，并具有起正面作用的不可预见性，那么它将会围绕着连续并可预见的品牌传播产生惊喜，客户将会为我惊喜地欢呼雀跃，就像名言所说的那样“让我们看看接下来会有什么。”在出人意料的同时，也许还会有让人恍然大悟的效果：“啊哈，这就是穆尔特如会做的事”。惊讶是总能引起好奇并与目标群体产生关联的要素。

摘要

“不可预见性”原则本身蕴含了包括对自己本身规则的破坏。一切根据规则运行的事物都是可以预见的。使“不可预见性”原则发挥作用的秘诀在于对信赖的维护。品牌已经代表了信任。我们信赖某些功能和性能的承诺，所以才会选择某一个品牌。

因而，“不可预见性”应该被理解为一种能娱乐人们的，让人们做出“哦，我可没料到会这样！”的惊喜。

“不可预见性”原则的先决条件是：

→除了上述对定位的清晰介绍，还需要有对品牌传播的准确分析——每个行业都存在陈词滥调和惯例。

→尊重顾客的心理和文化。但是，应该质疑：什么是文化，什么是文化外衣包裹的糟粕。

如果已经领悟了以下几点，则可以考虑去打破规则。

→我想传达的信息是什么？我的价值主张是什么？

→我想传达的信息应该具有什么样的形式？

→我通过什么方式传达我的信息？

→我应该采用什么途径来与我的目标人群进行接触？

“不可预见性”原则通过关注创建关联，在惊喜产生的瞬间，与目标群体的对话就已经完成。传达出的信息，将会确保目标群体对品牌及产品有清晰的了解;让人不可预料的新信息不断被传递，并会被认为这就是品牌的一贯风格。

“只有从热情中诞生并且变为现实的想法才能存留下来。”

麦克·费希尔（Mike Fischer）

格拉费希尔学校有限公司（Fischer Academy GmbH in Gera）的创始人和持有人

如麦克·费希尔（Mike Fischer）所说，这是有关最大化还是有关“多数”的部分。“多数”指的是什么？“多数”总是和最大化相同的吗？如果把最大限度和汽车联系起来，那不是和速度就是和马力有关。在任何情况下人们都会同意这是和汽车的性能有关的。再有，怎么看待与定位的联系？在差异中最大化准则又是怎么样的？关于这些我想再给您展示一些例子。

→

“最大化”原则

12月24日，整个城市都笼罩在黑暗中。外面的空气很潮湿，令人不适。只有零星的几个遛狗者在居民区散步。城市里看起来充满着圣诞气息，一些家庭开始庆祝平安夜。家人都聚在一起听着音乐，亲戚们也久违地来拜访，朋友们也相约进行愉快地聚餐，大家聊着，笑着、唱着。有些家庭的礼物正在包装，有的家庭的礼物已经在圣诞树下躺着了。工作日被忘在脑后，这两天仿佛时间都静止了。

这与“更多”有关

相反，圣诞气息微弱的机场还是一如既往地忙碌着，最后一批乘客还在等待飞机。有的孩子们在空的座位之间玩抓捕游戏，有的孩子在父母的怀里打着瞌睡。一对老夫妻注视着航站楼前喷水池的灯光变幻。终于听到了等待了很久的登机广播。但原本互相拥挤的地方，乘客们正慢慢有序地排着队。一个接着一个地登机。空姐们向乘客们友善地小声问好。登机的过程笼罩在不可思议的氛围下，所有的乘客都很放松同时又很兴奋。

一个惊喜：行李传送带上的圣诞礼物

一切都很顺利。在目的地平稳降落后，所有的乘客都下了飞机。一看就知他们是今天最后一班航班的乘客，并且都来到了机场大厅的取行李处，看上去像丢了什么似的。这里的氛围也有点儿不可思议。这种感觉可以从每个人的外表上看出来。在一阵晃动之后，行李传送带开始转动，游客的兴奋也越来越明显。但传送带转了一圈后没有行李，又转了一圈还是没有行李。

马上所有行李托运处旁的乘客们都屏住了呼吸。发生了什么？乘客们都像电影里的隐藏摄像机一样，惊讶地、迷惑地站在传送带前等待着。目光都看向行李传送带的闸板。随着一个被包装成圣诞节样式的包裹从行李传送带的洞口出现，一个又一个的包裹不停地出来了。每个包裹都被包装成不同的样子。有些是用红色的闪闪发亮的塑料薄膜包装的，有些是暗绿色，还有一些闪亮的是用金箔纸包装的。每个包裹上都有一个精致漂亮的蝴蝶结。这些被包装了的包裹就成了一件令人印象深刻的事情，人们对此共同感到惊奇。他们几乎不相信自己所看到的。孩子们睁大他们的眼睛，大人们也盯着这些从身边经过的行李。

一开始是迟疑，但之后孩子们更加相信行李传送带上的物品。孩子们仔细观察着这些盒子和箱子，把它们转过来并小心地举起来，又很快把他们放回去。一个孩子终于发现了姓名牌并指给他的妈妈看。她把这个包裹拿过来并且在人群中叫出姓名牌上的名字。马上有个男人举起了他的手并回答："我在这。" 他朝这位女士走过来，接过他的包裹放在耳边摇了摇。他开始拆他的包裹，孩子们十分激动地看着他，其他的乘客也是一样。这是一个礼物并且是只为他而准备的。这就像一个开始的信号一样，慢慢地所有的乘客都开始相信这个传送带上的物品。他们观察并寻找着姓名牌。实际上每一个乘客都有一个这样的惊喜。就像孩子们一样，他们小心翼翼地、惊讶地、兴奋地、惊喜地、吃惊地、激动地甚至着急地打开他们的礼物。在这些纸箱里有泰迪熊，细心包装的鲜花，精致的夹心巧克力，儿童玩偶，暖和的围巾和有趣的帽子。

时间显然在这一刻停止了。这是一个充满快乐的时刻，所有的人都彼此靠得更近，笑着，互相展示着他们的礼物。拍照，把这些通过手机发送；打电话讲述这个惊喜或者为这个机场不寻常的平安夜录制一段小视频。慢慢地人们平静下来，当第一个箱子从行李大厅出现的时候，礼物被重新包装起来。在整理这些包装的时候，人们仔细地寻找包装纸上寄件人的名字，谁想出来了这个绝妙的点子。正是12月24号这天，最后一班载着他们的乘客回家的航班所属的航空公司。

这个听起来像圣诞节童话一样的故事，是西班牙航空公司深思熟虑的一个营销创意。实际上这是根据乘客名单为每一位乘客挑选的礼物，并且包装成圣诞礼物的样子带到目的地机场。在乘客们毫不知情的情况下，这些圣诞包裹被放到机场的行李大厅，给这些等待行李的乘客们一个惊喜。

一开始这个活动只是营销部的一个想法，可以通过这样简单却又令人印象深刻的方法展现出西班牙航空是一个适合家庭出行、注重服务并且始终令人愉快的"惊喜"的航空公司。因此也提出了很多问题：如何能让乘客发自内心深处地感到惊喜？如何能使人们觉得西班牙航空是一个很适合家庭出行的航空公司？多种多样的广告可能性都被提出来。原则上应该是由演员和群众来上演这一幕场景。群众演员可以来饰演乘客。无论如何都是按照剧本上来演的，演员事先知道会发生什么。他们要表现出高兴的感觉。还有一些照片作为海报和图片的宣传也经常被专业的团队拿来使用。场景也同样被设置好了。

不是圣诞节童话，
而是航空公司
深思熟虑的
营销点子

可是西班牙航空公司却不想展示给大家这些，他们想展示更多真实的喜悦和惊讶。为此他们只需要一本由生活本身写成的剧本。通过一档电视节目“隐藏摄像机”展示出人们如何最大限度地表现自己的情绪。

在这件“意外的事情”的宣传上，西班牙航空公司通过真实性使宣传效果达到了最大化。除了传统的信息平台比如广播、电视或是海报，他们也使用了最新的社交媒体。以这种方式来交流是很新颖的。他们能在现在这个时代计划并实施，开始原则的转变，以此来发展这个传播途径。乘客们通过用手机来拍摄他们拆开礼物和看这个礼物是否适合自己的视频和照片。这些照片马上就被上传到网络上。“隐藏摄像机”的图片也在之后被上传到YouTube上面供大家观看。这件事情的动机在这之后同样也被应用到传统媒体当中。除此之外是这些惊讶的乘客自己引起的这个美丽的圣诞惊喜如此快速地传播，他们拍照摄像并写文章上传到网上，或打电话来讲述此事。最大化原则可以被改变，因为这个活动的发起人相信可以打破原则并且有别的想法。[①]

与传统的活动相比，尽管西班牙航空公司通过这个方法省了不少钱，但中立者却很少同意为这样的活动拨广告预算。在这里比起经费或者说钱的问题来，还是不同想法更重要一些。最大化原则完全可以从转过拐角的手工业者或是餐厅的老板身上实现。

① 参阅 http://de.wikipedia.org/wiki/Bulthaup_(Unternehmen).

最大化原则在中小型企业中同样适用

在石勒苏益格-荷尔斯泰因州有一家餐厅的主人，他总是在不断争取顾客数量。他想不再依赖于本地的顾客，所以致力于发展外地的市场。在不同地区的报纸和杂志上刊登广告的巨额费用对他来说是承担不起的。对于采用一个有效的宣传方法来说，他的预算太少了。

这家餐厅的主人决定通过代理的帮助印刷当下最流行的宣传册。宣传册将展示出来并分发给顾客，通过邮寄的方式寄给长久的顾客以及摆放在一些像市政厅或旅游信息处之类的公共场合供大家阅读。但是没有取得预期的效果。餐厅的主人继续找代理帮忙。希望有什么别的省钱的方法可以实行。已经印刷了的宣传册也能够使用起来。

代理想到了一个简单的解决办法。在圣诞节前的某个星期六，餐厅主人和他的员工们一起来到汉堡商业中心的一个大家具店。经过代理的调查发现，这里有来自各个地方的人，并且家具店的停车场刚刚好停满这些车辆。于是员工们开始把宣传册夹在车子的雨刮器下，这样做的好处是宣传册不会被吹散。餐厅老板的妻子走到问讯处，并假装由于人群混乱的原因与她的西班牙交换生走丢了，并且向问讯处询问是否可以广播寻找一下他。她称自己将在入口处等他。此外她还请求在广播时尽量说得慢一点和清楚一点，因为这名交换生只能听懂一点德语。这名被她虚构出来的交换生的名字是“Vilà Ñial（维拉·尼亚）”。

这不是随便想出来的名字，代理对此进行了思考。实际上，这是因为这家餐厅的名字就叫“Villa Colonial”（克罗尼亚别墅）（注：德语中别墅的发音与维拉的发音相似）。代理的想法是：家具店的顾客虽然不会对这个广播感兴趣，但是还是会无意识地记住“Vilà Ñial（维拉·尼亚）”这个名字。在家具店里嘈杂的环境下，只有与众不同的声音才能被听见，并通过不断地重复来使人们记住。为了达到更好的效果，餐厅老板的妻子还向问讯处请求多次播放这条广播。在旁人看来，感到担心的是，交换生没有出现。差不多一个小时后，餐厅的工作人员们就都渐渐离开家具店，准备回家了。为了使家具店里的人们配合这个效果，餐厅老板的妻子向问讯处请求多次播放这条广播。结果自然是交换生没有出现，并且令旁人继续担心。差不多一个小时后餐厅的工作人员们离开家具店准备回家。

“这个名字我很熟悉……”

顾客们也逐渐结束了购物回到他们的车子旁。他们在雨刮器下发现宣传手册，当然会把它们清除掉。但是，他们通常会先看一眼宣传册，即使是几秒钟。每个人至少都会看到“Villa Colonial（克罗尼亚别墅）”这个名字。由于家具店的广播通知让很多人都产生印象：“这个名字我在哪儿里听到过。我是在哪听到的来着？”这种注意力的效果和注意力的提高就是代理想要的。只有广播通知当然是没用的。汽车上的宣传册也没办法吸引太多的注意力。但是当这两者联系在一起时就大大地增加了被注意的机会。

只有坚持不懈地完成措施才能获得成功

这个活动初期的成功相比之下是又快又好的。餐厅网页的点击率很明显地上升了。关注的本能和好奇心是网页点击量快速上升的原因。通过宣传册上印刷的网址和二维码登陆这个网址是很容易的。成功也在晚一些时候到来：渐渐地，餐厅来了更多的客人。餐厅老板通过车牌号可以看出这些新的客人来自于汉堡商业中心附近。

这个例子直观地为我们展示了其失败与成功的原因。一开始的失败是因为，他的想法与周围的环境不符。他制造新的宣传册当然是有必要的，但将其在旧的环境中发行就会产生一种前后矛盾的情况。毫无疑问，最后没有达到预期的效果。而代理则肯定与餐厅老板仔细地分析了其预算、目标，以及在充分利用现有的资源下如何实现这个目标，还有其最理想的结果是什么。这就是最大化原则。

同样，关于这个话题我也想听听成功的实践者的看法。对此我邀请了麦克·费希尔（Mike Fischer）——格拉费希尔学校有限公司（bFischer Academy GmbH aus Gera）的创始人和持有人。麦克完成了一些在德国独一无二的事情。

麦克·费希尔（Mike Fischer）

在他所从事的所有工作中，不论是驾校、理发店、建筑公司、披萨供货商或是培训事业，都非常成功。他一直都很幸运。刚刚过完49岁生日，此前的整个工作生涯中，他一直都是一个非常优秀的人。

他年轻时最早的工作是驾驶教练员，现在他已经是德国一家成功的驾校企业的老板：以他创新的商业模式拥有从格拉（Gera）到整个联邦州的学校。麦克·费希尔最初以1000马克的创始资金创立驾校公司，并且由此变成了一个拥有百万资产的公司。他总是能从出现问题的地方看到机会，并且能从有人走过的路上用一种全新的视角发现新的道路。当一幢公司大楼的重建正在等待处理时，他会毫不犹豫地去找建筑公司的老板。当他踏入餐饮行业时，在两年之内他就成为了德国最厉害和收入最高的披萨厨师。

他是如何做到的呢？他的成功源自于他对待员工时的坦诚，在对员工提出要求的同时还鼓励他们的士气。这些员工们对他来说，都是非常重要的中坚力量——这不是平时常见的那些谄媚的话，而是彻彻底底作为一个真正的企业家所想的。凭着“2011年最佳雇主”的荣誉，他成为了德国中产阶级前5名的资本家。他在成功之路上展现出的勇气和信心，让人深信，未来有着无限的可能性，即使在很艰难的时期也不例外。

国家需要新的企业家。他们需要具有独特的魅力，聪明、诚实、有远见、在这个国家土生土长，并且还要非常的成功。这些良好的美德和品质不是每个人一出生就具有的。也不是每个人天生就是企业家，都是慢慢一步一步积累经验才实现的。费希尔用自己的行动向人们展示了自己是怎样白手起家的：如果他在东德极其恶劣的条件下都可以成功，那就说明，每个人都可以取得成功。人们必须自己发现本身成为企业家的潜力。其中有趣的并不是有多么的成功，而是如何变成功的这个过程。也就是公平、诚实和坚持不懈地克服商业和行业规则的困难的这个过程。

费希尔最早在1990年成为独立的驾驶教练员之前是一名电气技术员。在这场个人的比赛中，他充满信心地用大约1000马克为他惊人的未来生活开了头。仅仅过了一个月后，他就迎来了8000个想要考取驾照的登记者。一年之内他就开了两所驾校。1991年他和他的父亲开了一家建筑公司，并且决定对自己公司所建的建筑物进行长期的维护。1993年他开了第三所驾校和一个驾驶练习场。同时他还开始开办理发店。到2000年，他已经发展出了驾校特许体系。两年后他又涉足新的领域。在与德意志联邦铁道和维哇（Viva）电视台的合作中，他开了第一家咖啡商店。他的费希尔驾驶学校公司现在的模式，容纳了越来越多的驾校、住宿和餐饮业，并在2004年，对所有企业进行集中化管理。

接下来，他还推出了披萨供货服务。披萨商店开得非常的成功，在2006年就在耶拿和普劳恩开设了分店。顺利加快速的发展，让他在2008年，将经营范围重新进行了调整，对所有企业进行了更加有效地监管。

2010年费希尔又到达了他企业家生涯中的另一个最高点。根据自己坚定不移的设想，他实现了经济独立。除此之外，他还获得了中产阶级中“最佳雇主”的荣誉称号并且成为了德国前100名具有创新精神的企业家。

2010年，费希尔第一次被聘为演讲者和顾问。这应该是他成功的路上出现的不言而喻的结果。一年以后，他正式成为德国演讲者协会中的一员。同时，他的披萨店成为了所有联邦州销售额最高的店。现在他和自己的员工们培训着超过一万名的驾校学员和对超过2000名的卡车司机进行进一步的培训。他是德国唯一这样做的企业家——他的驾驶学校始终为学员提供往返接送和单独的酒店、餐厅。为了这个目的，他们的行驶里程已经达到了1800万公里。每年他的餐厅卖出的披萨也将近有12万个之多。这些都是令人印象深刻的数字。

阐述

→老板是一个公司里最多余的人。

→成果和产品是可以复制的，但是想法和热情是无法复制的！

→没有中产阶级会有打破常规的想法。

→失败和不幸对意识的觉醒非常重要。

→只有当人们不再认为自己很重要，才会出现伟大的思想。

为了让我们更好地理解费希尔研究院的最大化原则，我来简单描述一下以前的发展情况。一切大概都是在1989年开始的。那时东德几乎所有的人都想拥有驾驶证。这就带来了转折点。争相报名的人非常多，8年前就出现等待考证的人了。为了满足这些需求，驾校如雨后春笋般地涌现，直到最火热的时候。这里有一个问题：在需求过后谁能继续生存下来？在清理了本地市场后，大家就明白目前德国的驾校市场已经饱和了，有将近13,000个一样的驾校。

我也对企业的生存提出了疑问。如果在格拉的需求不能确保企业的运行，那怎么办？这时我脑海里就产生了一个疯狂的想法：为什么不在整个德国建立起一个总的驾校市场呢？至今还没有一个这样的驾校。然而这个想法跟制度相左。在德国是这样规定的：一个柏林人只能在柏林，即其居住地参加驾照考试。该柏林人是不能在格拉参加考试的。由此我的想法是：如果考试对考生来说不合适，那么就由考生去适应考试地点。具体来说就是：费希尔驾校的考生于考试期间在格拉注册成为该地居民。然而一开始没有什么考驾照的人愿意在格拉待上两三个月。因为驾驶培训和考试必须在七八天内完成。假如我们想做宣传并面向全国市场，那么我们的考生在培训和考试期间就要找到住宿地。随之产生一系列的连锁反应。除了住宿地，这些考试还要考虑吃饭的问题，以及如何前往考试地点。对一个想法或目标的具体化或者说最大化就慢慢地显现出来。第一家寄宿制并带有餐厅的驾校成立了。此外还有面向全国境内学生的接送服务。

驾驶训练场也属于宿舍的一部分。在这里可以学习实践和理论一整天，并且我们保证：在7天内可以获得轿车的驾驶证。我们实现了独特的想法。我们将我们拥有的都运用到了极致。我们没有墨守成规，我们不断产生新鲜的想法。

当然，在竞争中这样的发展会被对手注意到，很早以前就是这样了。不论什么时候我们在格拉尝试一些新的点子，这个想法在三四周以内一定会被抄袭。然而我们还是非常低调地进行尝试发展的想法。当然，这一个想法也很快就被模仿了。驾校宿舍的实现带来了很大的优势。有人也尝试模仿这个方案，但是以失败告终。成果和产品是可以被复制的。但是想法和热情在之后的发展中或是与产品相比较都是无法复制的。只有从热情中诞生并且变为现实的想法才能存留下来。

我们的企业由4个部分组成：学习、吃、睡和驾照。在顾客看来，使他们获得解决方案可能仅仅只用了一步。然而我们想得更远。2013年我们开始了驾校3.0时代。我们让顾客不仅仅能够灵活地使用驾照，还直接让他们“活动起来”。结果，我们通过合伙使用汽车的方法拓宽了我们的经营范围。那时我们在汉堡、弗赖堡或者是亚琛都还不是很有名，但是我们为了在全国的舞台上活跃起来，便强迫自己继续思考，不断地思考一些新的点子。这给我们一直带来新的挑战。

同样，新的挑战也导致我们想到一些其他的东西，这对意识的觉醒非常重要。由于私人原因，我在1993年离开了企业9个月的时间。在这期间，企业还是一直在发展。当我重新回到企业的时候，我明白了一件事情：老板是一个公司里最多余的人。这个念头让我有了新的看法。在企业工作，这是很重要的。作为老板只是把企业作为一个品牌来看待，这不能为企业带来什么，一个企业的背后应有更多的东西。这个企业为什么生存下来？有没有为企业职员提供比“仅仅”更多的有保障的工作岗位？企业中如何能让大家彼此相互了解？

最大化原则中最重要的组成部分就是责任。最大化原则中“更多”的部分对于职员来说可能就位于其责任心之中。假如一个职工有责任心，那么他就会为该企业承担责任。这样来看，我作为老板就可以不用承担责任。假如我不承担这份责任，那么我就会感到毫无压力从而精力充沛。如此我便可以将这份充沛的精力投入于对员工的管理或者对新想法的开发之中，抑或培养创造力，抑或优化企业运行模式。假如在驾校里车辆不够用，那么就可以将披萨店的运货车暂时投入驾校使用。我也一直在企业之中工作，致力于企业的发展。其中一个发展目标可以是这样，我们培训汽车驾驶员并在结业以后直接将他们送入运输公司进行培训或者直接工作。驾校和吃披萨在一定的顾客结构中很好地融合在一起——一个面向年轻人的市场。驾校和汽车分享也是个理想的组合，因为现在的年轻人对汽车有着不同的看法。对一个19岁的年轻人来说，一部新款的苹果手机要比一辆十年车龄的高尔夫（Golf）汽车要重要得多。

假如我们敞开视野，那么我们就不会把自己看得那么重要。“我们是最棒的”这种想法限制了我们自己。于是我们就停滞不前。这并不是通往成功之路。实际上思想和行动都是没有边界的，然而我们却让一些常规来约束自己。通往成功的一个方法叫做“不同的想法”。为了彰显个性，必须打破常规。别无他法。几乎没有中产阶级有打破常规的想法。但假如我想要收获进一步的发展并取得成功，那么我必须打破常规。作为企业家我需不断发展自己。我时刻需要完善自己，实现最大化。“最大化”原则也可理解为一种推动力。我们的目标永无止境，我们应不断发展，永远追求最大化。我们的目标就是不断前进！

通过我们的想法，工厂的投入使用，单单2012年这一年我们就有949个想法，其中75%都变成了现实。没有人会比您的员工更了解您的企业。而且他们在寻找更多的有保障的工作岗位：他们想用他们的任务来证明自己，带来他们的长处并且为共同的成功做出贡献。这些想法已经远远超出了工厂最初的想法，它提供了一个互动的环境，这可以一直持续地给企业带来变化。

大多数人似乎对最大化原则非常了解.但是仔细看我们就能发现，他们还只是一知半解。许多人并没有最大程度地发挥自己的想象力。上述的那个餐厅老板的例子，就充分展现了在最大化原则上的成功和失败。起初餐厅老板只考虑到宣传册的一个项目，其目的是为了招徕更多的顾客。他期望通过宣传册把他的餐厅宣传出去。而如何将这些信息传递给更多的人，他却浑然不知。他想着，我既然已经发出了那么多的宣传册，那么总有一些人能收到。然而这并不是按照最大化原则建立起来的清晰明确的计划。这只是半途而废。他虽想到了这个宣传册的想法，却不继续深入地思考如何将这些宣传册更有效地传递给消费者。只有当他最后开始和他的代理一起探讨新的方案，并科学缜密地思考计划并实现这一想法，才为他的成功带来希望。

寻找新的司机？
请阅读
这一段话

对此还有一个别的例子。在某些天，您在高速公路上相遇一连串的大卡车。第一批卡车看起来非常朴素也没有什么显眼的标识。第二批是一些铺上了彩色广告的卡车。接着还有第三批，这批卡车上印着无聊的字，比如“还有空的职位！”“寻找同事！”，底下作为补充还印了一些不明显的电话号码。坦白地说，您会对这些感兴趣吗？如果一名卡车司机想要寻找一份新的工作，在有三份工作可供选择的情况下，面对一个老板只提供一份工作的情形，他还可选择另外两份工作。如果在招聘的电话旁边配上这么一句话：“我们为您配备一辆500马力并且有可调座位的奔驰。”结果会怎么样？ 这听起来当然更加吸引人。这位司机马上就会知道自己该选哪一份工作。这就是最大化原则的解释：您放下条件一般的招聘广告，避开繁琐的招聘广告，带上您最棒的产品宣传介绍。您只需要让您的产品宣传介绍变得醒目，并且告诉您未来的司机，他的工作职位看起来是怎样的。剩下的就是在等待打来的应聘电话和著名的“化学反应”。没有什么比这更好的了！

我惊讶地发现，“最大化”原则经常被局限地理解。“这已经是最大化了”这种话听得我茧子都生出来了。这句话也可以这样表达：“假如我们已经实现了最大化，那么我们就成功了，则一切就结束了。”实际上在开始前，我们就已经给自己设定了一个界限。对此费希尔是这样说明的：“对最大化原则的正确理解应该是坚持不懈，永无止境。”我们好奇，在我们的现定目标之后到底有什么？我们应坚持不懈地不断地完善我们的产品。只有当我们有意地打破常规，我们才能彰显个性。失败或不幸能够触发这种思维。

在这里我清楚地讲到“触发”。我们每个人都有超越自己的能力承担的最大量，以及打破规则的勇气。还是孩子或是少年的时候，我们无意识地去达到一些目标。我们从别人的反映来确定自己的成绩是特殊的。当我以自己特殊的能力获得成功时，我总是无意识地不断地去运用它。当我大一点的时候，我对自己提出这个问题：你到底是怎么成功做到的？在这一刻我才明白，我是如何做到这一些的，我能把这个能力用在实现我的目标上。失败和不幸使我懂得反思自己，使我的思维和行动一直保持清醒的动力。

多数人还是毫无意识地滋润地生活着。我们中的大部分人生活在一个“舒适区”。我们使自己的生活固定在一个模式里。在这个舒适区，我们时常幻想着远大的目标。但是我们却不去实现它。有些人不愿意为其做计划，因为太辛苦。有些人虽然已经做了规划，但是在具体实施的过程中经历了挫折，也就不再坚持下去了。简单来说：我们位于一片白色的区域中，远方有一道灰色的条纹。我们好奇地向前走去。最终我们来到了这里，视野中是有着许多阴影的广阔的灰色区域。同样，在这里我们也看到前方有一个新的区域，全部是黑色的。我们现在可以决定，是否往后退回到白色区域或者是继续向这一片黑色的区域走去。然而我们却停留在中间这片灰色的区域，因为不论是回到白色区域还是前往灰色区域都十分劳累。我们既不选择白色，也不选择黑色。我们满足于灰色之中，并妥协于此。

灰色空间里的生活是安逸的

可悲的是，大部分人都生活在不断地妥协中。这种思维方式席卷我们所有的方面。我们向我们的伙伴、朋友、熟人、工作岗位，或者是支持的足球队妥协。我们以这种态度来建立公司，发展产品，来展现自己并给自己定位。然而，这种妥协的态度是毫无效果的，它既不利于我们的产品，也不利于我们的顾客，最后不利于我们自身。

所有提到的这些例子都清楚地表明：任何人都可以实现最大化法则。无论是在跨国企业集团中，在只有250个员工的中小型企业中，在手工业工厂中，还是在餐厅里或是在个人身上，都是一样的。任何人都能做到最大化原则！

摘要

“最大化”代表着什么？请您思考一下。“最大化”代表着绝对、极端、最大值、最重要的和无可替代的部分。这些描述就可以解释最大化原则。最大化原则包括：

→使自己达到最大值

→绝对精确地实现计划

→有意识地采取行动，带着热情和最高的准确性

→还要有这种思想：当自己已经达到最高值时，还需不断向前探索

我们应当明白，每天都有数以万计的广告信息向我们传来。每周市场上都会出现新的产品，每个月都有许多新兴的企业成立。一切都是潜在的竞争，不论是在公司选址上，在产品上或是在服务里。一切都是为了夺取顾客而展开的竞争。

通过越来越少的销售支出，会使竞争加剧。我们追求效率，即“想法取代支出”。我们的重点将从广告的数量向广告的效果转移。市场刺激我们充分利用资源，达到最大化的效果。

对我的产品来说这意味着我的产品必须比市场上最好的产品还要好。这对我的服务来说也是必不可少的。我的品牌也与此紧密相关！我该如何改善我的品牌？我该如何使我的品牌变得更加强大？我的品牌有没有一个独特的亮点？它的定位如何？我现在尚属中等还是已经跻身前列了呢？

假如您可以明确地回答这些问题，请您下意识地思考：其最大值是什么？您的思维应该发散，浅显的思考则会有限制。最大程度的思维和行动意在超越界限。您必须打破常规。倘若您想运用最大化原则，使其产生效果，那么您就应该开始让自己和竞争拉开差距。您不能停滞不前，因为停滞即是后退。您应不断地加大这差距。除了精确度和坚持，最大化原则还代表永无止境。

“快鱼吃慢鱼！”

史蒂芬 · N. 科尔瑞（Stefan N. Quary）
斯柯达公司德国销售部领导人

“一步领先”原则的核心将由瑞安航空公司这个鲜明的例子直观并且印象深刻地来表现。瑞安航空与一些传统的航空公司不一样。

“一步领先”原则

到1978年，世界上有名望的航空公司一切都还运行正常。那时世界有名望的公司只有全美航空公司、美国联合航空公司、法国航空公司、英国航空公司和德国汉莎航空公司，用专业术语来说他们都是“全球性航空公司”。这个表达与这些航空公司借助于联盟和网络，有针对性的将战略性有利的机场，比如法兰克福机场、巴黎机场、伦敦机场、东京机场、亚特兰大机场或是纽约机场作为交通枢纽连接起来有关。大的航空公司都分到了自己的一部分市场。洲际航班则是独特又划算的。与此同时还有包机航空公司和个别的地区航空公司。地区航空公司虽然名气小，但依然保持航班飞行。一个不断发展的地区航空公司就是西南航空公司。

天空中没有像西南航空、莱克航空或是瑞安航空这样的廉价航空

美国的西南航空公司从1971年开始，以低廉的价格战略改革了美国的航空市场。西南航空公司建立了有益的商业模式。这个企业被认为是廉价航空公司的鼻祖。弗雷迪·莱克（Freddie Laker）也认识到了这一点，他是英国包机航空公司的建立者。1977年莱克重新修整了他的航空公司。他将他的包机航空公司定位成像西南航空公司那样的廉价航空公司。莱克航空被认为是欧洲第一家真正的廉价航空公司，在1982年宣告破产。

另一家航空公司直到今天还是廉价航空公司的典范。这家航空公司追求的是有侵略性的或者是其他人说的“引人注目的”廉价航空的策略。这说的当然就是瑞安航空了。瑞安航空一开始相对的较不起眼。1985年一位爱尔兰的企业家托尼·瑞安（Tony Ryan）建立了地方性的用作经营的航空公司。公司开始运营的初期并没有取得预期的效果，而且瑞安航空运营一直处于亏损状态。在航空公司建立后的第三年，托尼·瑞安聘请了有一定经验的迈克尔·奥利里（Michael O' Leary）作为公司的顾问。奥利里成功地将瑞安航空公司从赤字的状况中救了出来。1993年托尼·瑞安去世之后，奥利里接任了瑞安航空董事长一职。他开辟了另一条战略，改变了公司的定位，常常对其他航空公司进行谩骂。奥利里放弃了托尼·瑞安老旧的销售观，并开始毫无顾忌地坚持不懈地打破航空领域中的规则。

1992年是航向发生改变的开始。奥利里定期去访问位于美国德克萨斯州达拉斯的西南航空公司。在与西南航空公司的董事长赫伯·凯勒尔（Herb Kelleher）的交谈中，奥利里很快掌握了关于廉价航空的关键的基本知识。廉价航空的基本策略就是只使用单一型号的机型并且在飞行中减少周转的时间。飞机只准在地面上停留最多25分钟的时间。奥利里严格地执行着这一规定。对欧洲的航空市场来说这已经是极其不寻常的事情了。他遵循的另外一点就是“一步领先”的想法。

瑞安航空的发展：只购买一种飞机型号和短暂的周转时间

瑞安航空班机在一些小的机场降落和有针对性地获得一些补助金。也通过利用这些机场，降低了机场服务费用。此外对于“服务”的概念也在尽量节约的想法下有了新的定义。在旅游和运输行业中航空公司因为他们的服务而有良好的声誉。瑞安航空公司将节约的潜能发挥到极致。他们不再免费供应食品和饮料，而是将其向乘客出售。许多额外的服务也需要乘客支付一定的费用，比如预订座位和优先登机的特权。航空中的一切都会加以测试，用来检查其是否会增加费用。他们还有许多节省的措施，我们至今还未曾了解。

随着“廉价航空公司”的专业化，航空公司之间出现了攻击性的行为——批评其他航空公司。比如瑞安航空曾经制作了一幅宣传海报，上面有布鲁塞尔的标志，丹·曼内克（Daan Manneke，荷兰作曲家）的图片。海报上还附上一句标语：“费用超高的比利时航空，滚远点！”奥利里自身也偶尔是媒体关注的对象。在2003年，他开着一辆二战中的装甲车来到其竞争对手易捷航空公司的总部前，扬言说，他要把人们从易捷航空高昂的票价中解救出来。这一行为引发的媒体关注度则不言而喻。

“拜拜迟到汉莎”和其他的侮辱

对于他们最喜欢的竞争对手——德国汉莎航空，奥利里还做过带有更过分的广告。有很长一段时间瑞安航空的飞机上都印有像“拜拜汉莎航空”或者是“拜拜迟到汉莎”这样的标语。当时，汉莎航空的老板扬言瑞安航空在德国毫无市场可言。对此奥利里简短地回应道：“为了得到瑞安航空的一张机票，德国人就算光着身体爬过碎玻璃片也毫无怨言。”从此没人敢再招惹他。也因为这种方式的言语攻击不断地给瑞安航空带来了名声而让奥利里获得了“好斗的爱尔兰人”或“航空领域的冒失鬼”的绰号。

总结：瑞安航空只采取了廉价航空的基本概念，坚持不懈地完成了廉价的策略，在他所在的行业中几乎所有的领域都取得了新的成功。所以瑞安航空在多年的竞争中都一直领先一步。瑞安航空公司如果只是纯粹照抄其他市场上廉价航空公司的运营模式，像他们那样用没有创意、行业中很普遍的、和平的交际方式，那他们就只会像其他大多数一样，没法前进一步。瑞安航空公司现在已是欧洲最大的廉价航空公司，并且由于他们不断地创新，还在一直创造新的里程碑。

当然“一步领先”原则并不局限于大型公司。为了在激烈的竞争中彰显个性，我们必须“领先一步”。中小型企业也可以运用这一原则，正如下例所示。

在黑森州的一个小城市中，有三家白铁工场。此外在这个紧密的竞争圈中还有5家白铁工场在附近的村子里。在更远一点的地方也同样有白铁工场，以致于在任何情况下市场都是饱和的。在这种情况下，还有一种竞争者就是来自于小城市本地的白铁工场中的技工独立的工作者。竞争压力很明显地提高了。一家古老的白铁工场最后寻求广告代理的帮助，因为订单的数量在不断地减少。

工场人员和广告代理一起观察了市场，分析了除手工作坊以外，他们相对于其它品牌在市场中所起的作用。他们发现，虽然企业提供了很高质量且精美的作品，在价格方面也比别人更具竞争力，但通过对顾客、邻居和周围的一些人进行调查后就看出了某些不同。一些顾客把这些企业视为“污染”。企业长期

形象不需要与真实性相关联——却对此有影响

的生存状态和年长股东的形象对给公众带来的这种形象负有责任。另一种看法是，运转的成本太昂贵。此外还存在工作的质量无法保证的指责。产生这种印象的原因是，一年内一下子招聘了众多培训学员。因此会联想到缺乏经验，部分还粗心马虎。总的来说手工作坊给人的印象是不明确和自相矛盾的。

现在需要考虑的是如何在低预算下增强利润。傍晚在当地一家餐馆，在代理和老板亦出席的会谈上，人们谈论了所有的可能性：从运动、政治、配偶，到工匠的价格和质量。除了常见的话题如“手工业将逐渐变得昂贵”之外，整洁也是被谈及的话题。工匠在工作完成后常常会留下污物，例如钻孔产生的灰尘。整洁成为了关键词。

代理推荐工场给他们的工人配备新的工作服。这种做法最吸引人的地方在于，工匠在运送产品至顾客途中穿戴着白色手套和与工作衬衫相配的领结。这些配饰使人想起佣人领班的工作形象。此种职业代表着整洁、组织和条理。此外每个白铁工团队要配备一把短柄扫帚和一个畚箕。工作完成后，离开时应自觉保持工作地点的整洁。手套和领带被采用进广告里。很快成效出现了。当地杂志刊载了一篇新闻报道，于是该手工作坊的白铁工团队成为了该地区首要谈论的话题。此外再次增长的订单数量证明了：这是最正确的决定！

带着白色手套和领结工作

来自黑森州小城市的白铁工场在其竞争方面已领先一步。因为他打破了陈腐的观念。穿戴着白色手套和领结向顾客服务，这在手工业特别是在白铁工业中是极为惊人的。这也是极不寻常的，一位白铁工匠带着自己的畚箕连同带柄小刷子。然而这种不同寻常的配备，使工匠获得合适的、可信赖的和专家的形象并且打消了顾客的担忧。

而对于除虫师傅这个职业来说，上述的建议则毫无作用。这是为什么呢？因为在室内除虫的举止通常不应引人注意。这些除虫师傅要么身着随意的牛仔裤和开领衬衫，要么身着商业套装。倘若他们以白铁工那样的装扮现身，则会引起大多数人的反感，因为大多数人对于室内的害虫感到恶心，他们不想对此特别注意。而白铁工的这一行为则独有个性。能彰显自己个性的人，则能在其行业内领先走出一步。

我想运用一个来自我身边的实例来加深理解“一步领先”原则。我曾陪同德科普团队一起参加一次品牌活动。当时他们的目标是：“德科普需要博得关注。”他们的愿望从想法一步一步地通过实践变成现实。实际的工作开始了：我们必须将我们的策略为顾客所感受。我邀请德科普团队企业管理的代表史蒂芬·N.科尔瑞对此说一说他的想法。

史蒂芬·N. 科尔瑞（Stefan N. Quary）

德科普（DÜRKOP）是一家传统企业，可追溯到1919年。在那年埃里希·德科普（Erich D ü rkop）在不伦瑞克市建立了一家维修双轮车和汽车的修理车间。八年后他成为几个顶级发动机品牌的总代理，如凯迪拉克和旁蒂克。在那个年代，这的确是很不寻常。总代理逐渐扩大为地区销售部。同时关于汽车的售后服务也变得丰富起来，其中包括发动机维修、车身制造、上漆作坊和皮革制品作坊等。丰富的专业知识和对汽车深度的理解为这种广阔的定位奠定了基础。在美国收获成功以后，1961年德国的第一幢发动机展览大楼开放时，德科普企业再次领先于其竞争者们一步。

1989年在纽伦堡的保险公司的参与下，德科普企业扩大发展并不断扩建店面，并于1993年转变为德科普股份公司。如今德科普企业在下萨克森州、萨克森安哈特州、黑森州、柏林、勃兰登堡州拥有超过二十家汽车专卖行分店，雇用大约850人。销售部想到了与顶级发动机欧宝样机进行合作。在此期间德科普企业改变了战略并把希望寄托于多品牌策略。其中包括品牌绅宝、菲亚特、阿尔法·罗密欧、蓝旗亚、起亚、雪弗兰、福特和雷诺·达西亚。由此德科普企业才算得上德国最大的多品牌代理商。

史蒂芬于2003年来到德科普企业。从那时起他成为了德科普团队企业管理的代表。这位企业经济学家的事业始于1990年在铃木国际欧洲有限责任公司担任地区性领导人。在铃木公司以后，他进入德国汽车控股公司德科普的管理层。同时他还在如下机构任管理层职务：营销传媒有限公司（car.com Marketing & Media GmbH）和M+A Logistik GmbH & Co. KG。史蒂芬对汽车市场的行为和特性是十分熟悉的，他是内行。

阐述

→汽车代理行业萎靡不振

→经销商是汽车制造商的傀儡

→改革和面向未来的想法——白费力气

→行业走向堕落

→独立品牌消失不见

→几乎没有考虑到年轻群体的购买行为

→没有预算：游击营销获得较高关注度

长久以来汽车零售业以令人忧虑的方式改变着。越来越多的独立代理商丢失了自己的身份。越来越多的汽车品牌通过独立制造的经销处得到推销。这将使传统的汽车行业受到排挤。因此制造商借助同伴来改变自身而成为真正的竞争者。其实汽车代理商是制造商和顾客传统的连接者。而这种变化将直接导致代理商的作用越来越小，以至于人们完全忽视了其存在。最后顾客分不清他是直接从菲亚特购买新汽车还是在菲亚特品牌销售处琥珀（Huber）汽车行购买。对顾客而言，这种变化毫无影响。从目前的数据来看：在2011年大约颁发了300万张车辆行驶证，其中通过汽车代理商办理的证件数量则下降到190万。其变化是明显的。

在这个行业工作多年的人，应该能发觉到：从著名的“大鱼吃小鱼”演变过来的“快鱼吃慢鱼”的原则。基于此认识，我们则无需大动干戈地研究市场。我们应该以实际数据为依据，实事求是地观察市场的状况。倘若我们对市场的变化视而不见或者消极应对，则将可能在未来由于汽车制造商销售策略的变化而身陷囹圄。在更严重的情况下，我们甚至可能会在市场上销声匿迹。

这种发展对德科普团队来说意味着必须采取行动。企业团队对这一种变化自然是非常熟悉。德科普在行业中早已是革新的监工角色。当人们有意识地观察市场时，它自己提供了“领先一步”的想法。变化对制造商来说意味着什么？对代理商意味着什么？对顾客意味着什么？顾客对德科普感受如何？顾客对其有何预期？一项深入的采访将回答这一问题，并给予重要的指示。

在开始创建品牌的过程中，德科普团队就清楚地表明要以顾客的需求为目标。我们将自己从制造商的限制中解放出来。我们需要一个明确的特征。听起来是理所当然，事实上却并非如此。目前为止我们一直在经销产品和零件，这是在这一领域“众所周知的”。顾客真正的需求，即“顾客想要什么？”，却是更深层次的东西。而在其他领域早就以顾客的需求为决定目标了。而不仅是依靠价格。

随着不断分析产生了进一步的认识：追随制造商的脚步是没有多大未来的。德科普再次只有一个机会：企业团队应异于制造商、竞争者。对此解决方案是有意识地做出差异。然而此法不免少有追随者。“我们已经这样做了10年，为何还要突然发生变化呢？”许多德科普内部人员如此问道。遗憾的是，在德国有很多人拥有这一想法。

因为行业沉睡不醒，所以这是向前一步的机会，是“领先一步”的机会。对此需要有意识地破坏规则，认识到是与竞争者拉开差距的机会，是有传统印记的行业里非常规的发展道路。该行业已经紧密地联系在一起。这样做不是炫耀自己，而是用智慧充分利用现有的机会，以达到自己的目标，获得一定的优先权。当然接下来肯定会有人相互效仿我们这一思维。

德科普团队作为流动商人理解和给予他们的顾客一个流动性的承诺，无论顾客处在一个怎样的生活环境中，无论顾客短期内是否想过，无论是否受风气影响，不管自己的预算是多还是少。德科普团队在一段时间内关心着个体的变化，总是快速地变化和要求采用灵活的解决方案。

在开始与史蒂芬和德科普企业一起合作时，我根本不相信行业能陷得多深。这已是一种昏迷状态。在关于区分和定位话题上许多研讨会和会谈把这种可怕的认知揭露了出来。

让外部人员与顾客交谈，而不是让员工和顾客交谈

我们放弃了市场研究。我并不是市场研究的爱好者。市场研究有它的意义，但我对许多研究感到怀疑。它常常反映人们所想要听到的结果。这很少能起到帮助作用。我们共同将希望寄托于采访。采访的目的也就是从顾客、普通人和员工中获得直接的反馈。对此我前往了六个场所。早上我在德科普分店附近的加油站采访了普通人。中午我询问了德科普的员工，晚上我还采访了从德科普车间取车的顾客。一个中立的人物能够接受“未过滤的”反馈是十分重要的。作为外部人员所阐述的感受，顾客对企业有何看法，是市场研究的电子表格无法反映的。人们必须亲身体会。走访人员与会谈对象——顾客、员工和普通人之间的会谈是至关重要的。

折扣战首先对生产商有利

从一开始让每个员工参与到这一过程中是必需的，最后还会出现一个新的战略，大家要能够说：“这是我们的道路！”

只有很少的企业能明白，在最终消费者和企业员工之间存在着一种相互交替的关系，且各有不同的预期。而德科普对此收心内视。

通过对顾客的采访，我们能够立刻得知，顾客有人性化的愿望和需求。他们想要被理解，他们希望自己的要求能实现。这一方法要比折扣战深远得多。在折扣战中只有一人能得利：制造商！当然，在开始对原因的探寻也只是推测。而通过分析采访内容，我们就能从推测中获取新的认识，远远超出了形象问题。

由于其个人与德科普的关系以及对德科普的专业技能的信任，顾客选择了德科普。他感受到德科普良好的招待，受到其很好地照料。他信赖从德科普购入的汽车。该汽车于他而言十分重要，因为汽车带给他便利。该汽车是他生活情感的一部分。因此该顾客希望他的汽车能受到悉心地照料。

在定位过程的最后就是实施。品牌必须为顾客所体验，在很大程度上是与顾客近距离接触。这种亲近表现不但在图画语言中，也在所有广告宣传措施里。由于这个原因，一种新的形象（Corporate Design & Co.）将显现出来。我将此作为基础理解。

现在我有一个新的战略、一个想法和合适的形象。目前出现了一个可利用的机会，因为我知道，我是谁，我的顾客想要什么和我需要什么。在汽车交易行业中，多样化的交流机会还没有固定下来。

当然，在汽车行业很多人拥有一台智能手机，应用智能手机上的不同数字化功能。然而这些功能却没有应用到销售领域。这时德科普出现了。德科普开发了网上交易的功能，是这一行业的领军人。他们为此专门建立了一个网站autoscout24. de。为了表彰其积极性和创新性，德科普团队在2011年被授予互联网销售奖第三名的荣誉。这是通往“数字化思维”的第一步。在这一基础上

（互联网）德科普不断地发展与顾客的交流，同时也不忽视现实中的沟通。交流和信息获取的方式就发生了变化。

要双向交流，使年轻和年长的消费者都满意

用网络数字化的新形式来代替目前的传统交流形式。当然传统的交流形式不会完全被废除。在年轻一代和年长一代中存在不同的交流形式。打个比方：我必须在不同的婚礼上跳舞，以便接触到所有人。在每场婚礼上我都要上演一出精彩的表演，这些表演全部都要有我个人的鲜明特征。

在基础工作之后，体验度是接下来几年的一个重要话题。新鲜的品牌马力需要在道路上来实践。到2013年中期，我们已经把基础部分“建立”完成。游击战模式是德科普的选择。逐渐地在每一个站点都应该有非同寻常的行为来引起注意，最终稳固自己的新形象。

德科普团队在未来将把精力更多地投入于顾客之中，而减少与生产方的接触——在该行业有意地打破常规！这在该行业是非同寻常的，这就是“一步领先”。

摘要

“领先一步”原则第一眼看来是所有六个原则中最简单的。然而在实施中常常不是这样的。

在这十分重要的一步之前您需要做什么呢?

→内在的意愿

→清楚明白

→坚定不移的意志

→有意识地实施

→探究您自己和您所处的行业

当人们下决心打破常规时，需要在内心做好充分地准备。三心二意地敷衍了事是没有用的！这种行为有时甚至比无所事事更具杀伤力。当您想要成为所在行业中打破常规的第一人时，需要的是勇气和长久的磨难。

在总结分析后，您要对周围环境有明确的

意识。假如您能知道顾客对自己的评价以及对自己的期望是什么，那就已经非常不错了。利用好他们的评价和期望。这些就是您对自己重新定位的基础。有助于打破市场的常规，给自己一个全新的定位。

您应明确地、坚定不移地作出转变，从现在起您想要做哪些不一样的事情，以便让您与市场相比显得突出，这样您与之相比便“领先一步”。“领先一步”原则描述的是一个持续的过程。停滞就是死亡！您应不断观察您的市场。市场也是同样地在观察您并想要模仿您的成功。在头脑里记住：快鱼吃慢鱼。

您只要能够成为市场的引导者，您就是“领先一步”。

对市场来说什么是典型的和非典型的？设法弄清所有行业。分析您的竞争者、员工、您自己，当然还有您的顾客。在此书的附录里我提供了一些给自己定位的工具。每个案例必须单独分析。每个行业都不同！

“‘精彩’一词所描述的，
是所有使我满意的、能使我心动的东西。”

托马斯·科赫（Thomas Koch）
德国传媒界和广告界最别具一格的策划人

我相信，光是“精彩内容”这几个字本身，就能在每个人的脑海中产生各不相同的联想画面。一方面，“精彩”这类字眼或许会令保守的消费者感到不快；但另一方面，酷的、精彩的东西正能满足今时今日年轻消费者们的期待。而与之相反的，“内容”这个词却能给人一种客观的印象。“精彩内容”倒并非由我独创，它是一个代表了品牌这一主题中的一些根本性原理的确定的概念。要明白它讲了些什么，我们必须首先加深我们对品牌本身的理解。

→

“精彩内容”原则

从表面看来，“精彩内容”指的就是非同寻常的、的确很好的内容。但接下来要给您讲的倒不是一个精彩的故事，我会和德国广告业的元老，传媒先生托马斯·科赫一起，弄清楚到底什么是“精彩内容”的前提条件。我和他谈论了如今的广告业状况，以及人们心理上对品牌的观点和态度。对我而言，要就这一主题找一个访谈搭档，非他莫属。他拥有构建内容的经历，不仅了解内容本身的重要性，还熟悉内容所针对的客户群体。没有人能像他一样，将高深而又前瞻的想法，通俗易懂、真心诚意地向我们娓娓道来。

托马斯·科赫（Thomas Koch）

61岁的科赫，在传媒业内已经有超过40年的经历。在27岁时他就已经成为了一名媒体经理人，是当时德国最年轻的传媒主管。接下来的14年中，作为三个孩子的父亲，他在很多著名广告代理公司做过媒体策划人。其中，他在杜塞尔多夫的GGK公司和Ernst&Partner公司，以及法兰克福的Ted Bates Worldwide公司都担任过媒体主管。1987年，科赫决定独自创业，并在杜塞尔多夫创立了托马斯科赫传媒公司（tkm公司）。该公司后来成为了德国最大的独立传媒代理商。2002年，科赫作为CEO将公司与星传媒体合并成为tkm星传公司，并成功跻身德国十大广告代理商之列。而五年后，他又毅然决定关停tkm星传公司，踏上新的征程。

2008年初，托马斯·科赫成为了Crossmedia公司管理层中的一员。2010年，他作为合伙人创立了一个名为“为什么脚会晃动（Warum wippt der Fuß?）?”的极富创意的新类型思维伙伴项目。在柏林，通过名叫“复数（Plural）”的项目，他还为很多陷入危机的政府机关的自媒体机构提供了支持和帮助。2011年起，他成立了名为tk-one的咨询公司，为企业和传媒公司提供咨询。

德国《资本》杂志1995年的一期中，将同时还是业余天文学家的托马斯·科赫称为“德国最别具一格的广告策划人”。2004年，他被欧洲传媒与营销奖评为15位欧洲广告业中最受关注的人之一。与他一起获此殊荣的还有西尔维奥·贝卢斯科尼（Silvio Berlusconi）、莫里斯·莱维（Maurice Levy）、鲁伯特·默多克（Rupert Murdoch）以及苏铭天（Sir Martin Sorrell）。2008年，在德国传媒奖颁发10周年之际，科赫被评选为年度传媒人物。2011年5月，他又被标志奖（SignsAward）评审团授予“领潮人（Zeichensetzer）”这一殊荣，以表彰他在陷入危机的自媒体机构这一领域中所做出的努力和贡献。

阐述

→论及想象是需要勇气的！

→律师、高层管理或者工程师这样的职业群体是时候从董事会中消失了。

→市场营销在德国被看作是次要的事。

→那些便宜的东西到头来反而会使你花费更多！

→精彩的内容能够深入人心。

在我探讨“精彩内容”原则之前，我想先描述一下眼下在德国、乃至整个德语区的企业氛围。这对理解“精彩内容”原则有哪些前提条件、品牌及其管理和推广相关联的主题在企业之中所扮演的角色来说是十分重要的。

令人遗憾的是，我们的企业经验知识储备正在大量地流失。很多企业的运行完全没有规划。据观察，企业正在令人惋惜地不断地剔除那些有经验的雇员，并以年轻人取而代之。这些所受训练极其有限、缺乏基本经验的年轻人，如今却要为企业作决策。这种现象不只局限于个别行业中，在各行各业中都普遍存在。那么，这些企业为什么要这么做呢？企业的领导者当然清楚经验知识的重要性，这一点毫无疑问。但对他们来说，利润才是第一位的，雇佣年轻人对企业来说是更为实惠的选择。企业的这种考量无疑是短视的。这种仅仅把目光局限于当前季度、着眼于数字的做法完全忽略了对企业可持续性未来的想象。

在德国，企业的思想往往是由数字推动的，这点在股份公司尤为甚之。然而令人遗憾的是，这些股份公司会对于我们的总体经济起到决定性的作用。如果说中小型企业建立了德国经济的支柱，那么这些股份公司就像是德国经济中的舵手和领导者。所有其他企业都注意着它们的一举一动，把他们所做的一切奉为圭臬。这种现象把德国的企业引向了错误的方向。

事实上，经验知识的储备如果不能将企业引向真正的智慧，使他们领悟到正确的经营之道，反而会阻碍企业的发展。只有将经验知识和果断的处理方式相结合，才是真正的王道。这往往意味着要同时拥有明白事物是如何运作的经验知识，和不受束缚的创造力。而达到这一点最好的方式，就是让有经验的“老”员工和大学刚毕业没有经验的同事相互合作起来，他们中少了哪一方都不行。因为有长期积累经验，当企业中都只有老员工在一起工作的时候，他们往往会变得短视，会想要将自己的知识和经验保护起来。这是人之常情：好不容易弄明白的东西就应该自己留着。而如果企业中只有这些年轻的无忧无虑的员工，他们同样也会陷入死胡同：他们身上缺少经验知识。很明显，只有当双方共同合作，才会有好的结果。

中小型企业的思维方式则与股份公司不同：股份公司的思维是以季度为时间单位的，然而在中小型企业的责任制则要求人们必须有长达五年的考虑。这为对未来的想象留出了空间，也促使这些企业成为了今天德国的“经济命脉”，并且在一些领域上成为了市场上的主导者。在中小型企业中能够产生想象，这是这些企业存续了上百年的原因。

而股份公司只能在全球市场上市来使自己更进一步发展。只有通过不断地扩张，股份公司才能不断创新。这样的发展既不明智也不自然。

有了对未来的想象，再加上一根指引的红线，我们就能创造一个品牌。每个人都有对未来的想象，但是只有少数人会公开地谈论它们。这一点即使是在中小型企业，也是毋庸置疑的。论及想象是需要勇气的，因为我必须表达出我想要的是什么和我想的是什么。很多人并不明白这一点，除此之外，他们还缺乏打破常规的勇气。

然而，打破常规的基本前提是我必须首先知晓常规。如前文所述，要做到这一点必须要有经验的积累。想象力和想法都是稀缺的。因此，市场营销都是通过工厂能够生产出的产品运作的。这一点不仅适用于小型企业，也同样适用于大型垄断企业。但是，认为被生产出来的产品就是想象本身，这个想法本身就是错误的。这样一来，人们就会只关心市场上的产品而不关心想法。相反，如果人们能自问：在两年、十年甚至是二十年后我们需要的是什么？这样我们去创造作品、生产产品的想法就会变得截然不同。而这，才是真正富有想象力的。

我在这里举一个例子。一个汽车制造商表面上生产的是汽车，而实际上它所生产的是一种机动力。通过这种机动力，它能给人们提供自由，并更进一步地为人们提供与他人建立联系的可能。但是这就意味着汽车生产得越多就越好吗？在当下，很多人会说："我很愿意能够坐着车四处活动，但是我并不需要一辆自己的车子。”车子对人的重要性是一如既往的，然而，谁是汽车的所有人却变得并不重要了。我们的社会发展造就了这种使用权比所有权更重要的现状。汽车分享这一模式必定大有前途，共有和“分享”是发展的主题。目前，很多汽车制造者还不能理解这样一种发展趋势。

此外，抱着想拥有一辆属于自己的汽车的想法的人，显然是一直会有的。但是一辆用于汽车分享的车，会代替10到20辆的私家车——当然，这一数据会有很大的波动，不能统计出明确的数字。那么，这样的发展对汽车生产来说意味着什么呢？如果这一趋势持续强化，未来的汽车被生产数便会越来越少，严重的话还可能造成产业的停滞。

究其根本原因是，生产商通常不能全方位地观察他的产品。这一点往往与企业通过品牌所做出的承诺有关，并且只有极少数人能理解。如果生产者能够将其纳入考虑中，他们生产出的产品就会完全不同。

除此之外，在德国的企业中还存在着另外一个绊脚石，一个基础性的，并且和想象力的缺失有着直接因果关系的错误，那就是：在德国，市场营销被认为是次要的事情——而它恰恰应该被当作头等大事来看待。一家企业实际上以它的品牌为生，甚至可以说，企业的品牌就是它的全部。一个企业并不以它的财务、行政或者审计部门为生。而现在，企业的监事会成员大都是律师、管理专家或是工程师。在这样的环境下，创新和想象几乎不可能得到发展。想象力是品牌、市场营销和品牌想象三者的基石，是企业所必不可少的，很少有人能够认识到这一点。前面所提到的像财务、行政或者审计部门这样的职业群体，在企业中常常处于完全错误的位置。为了将这一点彻底地说清楚，我们需要把这些职业群体从董事会中剥离开来，区别看待。这些职业群体的专业性力量，只有在问题已经产生之后才能发挥作用。更激进地说，只有在我赚了很多钱之后，我才需要这些人来告诉我，怎样才能最好地安置我的钱——他们并不是能领导企业发展的人。在他们的领导下，企业中几乎不再有市场营销的存在。这是主流想法中的一个根本性的错误。

在高层管理中，就如同女性应当占有一席之地一样，市场营销必须占有一席之地。只有极少数的企业能够做到这一点。理想情况下，企业的主管应该既要从事市场营销，又要能为品牌着想。在30年前，占据德国统治地位的不是股份公司，而是个体主导的企业。京特·马斯特（Günster Mast）就是当时一个位于食物链顶端的人物。马斯特致力于他的品牌，他知道品牌为何而存在：企业的主管首先必须自己成为品牌，这是品牌发展的起点。即便是在像格兰仕（Glanz）这样的品牌都黯然失色的时候，维普腾（Verpoorten德国生产利口酒的一个品牌）仍然能够焕发生机。它迎合了上年纪的女士在午茶时间消遣的需要，在市场中有它独到之处。维普腾卖的不是酒，而是一种适合大家愉快地坐在一起喝的、酒精成分在大众可接受范围内的饮料。通过这种方式，这家公司找到了自己的主题，这就是品牌！

如今，人们似乎把品牌忘得一干二净，万得-土星控股有限公司（Media-Saturn-Holding），就是其中一个著名的例子。它为我们提供了一个混乱的反面教材。这种混乱始于它们的标语，每两年万得–土星的标语就会更换一次，完全没有可持续性可言。由此可以推断，它们并不清楚自己究竟是谁。他们每年都发明一个新的标语，进行新的广告宣传，而人们却无法从中辨认出清晰的想法。相反，一个明智的广告宣传可以延续十年之久。宣传中的花样变化固然是不可或缺的，但其中的指导思想，也就是前面说到的那根指引的红线，必须一贯始终。这一点是十分重要的。万得–土星打破了广告的规则，并让品牌在最后成为一个空的外壳。这样的企业不会具备高感知度，它的品牌缺少真正的内容。尽管在它的广告里人们可以看到诸如“零利息”或者免增值税一类的信息，但这与它的品牌毫无关系，只是每年都会重复的销售方案罢了。而因为万得–土星控股有限公司负责人自己的错误，使得该公司错失了上市的机会。

如万得–土星之类的品牌，将产品低价出售是假意而为之。消费者也会明白，算上后续服务的花费，所谓低价的说法其实并不适用。这样的经营手法一方面对消费者来说没有利益可言；另一方面，会使人们不一定能买到最新的商品。这样下去，品牌永远也无法深入人心。

很遗憾的是，这一问题存在于很多的企业中。负责人不会为了品牌核心的研究和发掘花时间。他们既不花时间反思“我们是谁？”“我们是什么？”也不去探寻他们的想象。取而代之，多数人只会去完成既定的计划和任务。这一点与职工相关训练的欠缺是紧密联系的。同时，人事部也难免其责：与企业庞大臃肿的管理部门相比，在市场营销部门中的职工实在是少得可怜。

这样的市场营销部门还通常要面对应接不暇的突发任务，这使他们甚至没有时间追溯两三天前的工作，根本不可能要求他们去仔细考虑对未来的想象。一个企业的主管必须问问他的市场营销主管，每天能在品牌或者更确切地说是品牌的管理上花多少时间。如果所花的时间低于30%，那么他就根本发挥不出他所在职位的应有作用。

一个企业市场营销的负责人，同样也是企业的附属代理机构的管理者。认为附属代理机构应该领导消费者的想法是错误的，实际情况正好相反：企业的市场营销负责人应该代表企业来管理代理机构。如果市场营销的主管允许附属代理机构只用完成工作来替代战略性的思考，那么品牌推广即使没有效果也是不足为奇的。在策略规划上，大多数的附属代理的作用是极其微弱的，这是因为策略规划并不能为他们带来利润。代理机构往往通过他们的产品来赚取利润，它们之中只有极少数的几家能够做到引领品牌。

同时，人们必须看到：通常一个企业的市场营销的负责人，根本不能领导被委任的代理机构，因为他们往往没有接受过相关的训练。因此，他根本不能看出，代理机构所展示的策略中是否能行得通。这是问题的症结所在。实际操作中，市场营销的主管会通过一个市场研究机构来检测他的代理机构所提出的策略。所以，大多数的市场营销领导者其实都只是项目经理或者是办事员，而不是一些必须有谋略头脑的人。市场营销在很多企业中成为了一个项目。项目的引导者尽是些Excel表格专家和工作列表专家，而不是企业品牌本身。

那么，什么是“精彩内容”呢？我想避开“有意义”这一表述，因为这一表述被过度使用了。“精彩”所描述的是所有使我满意的，能打动我心的东西。这里的关键在于，“精彩”并不是人的头脑中对事物所做的客观评价，而是一种发自内心的主观感受。雷恩巴赫（Hornbach）用一个例子诠释了我简单的描述。为什么它的宣传如此特别呢？为什么它的内容如此精彩呢？那是因为，它们打动了修理工人的心。他们之所以能做到这一点，是因为他们说出了修理工人的心声。雷恩巴赫知道，对于修理工人来说，什么应该居于优先地位。它们企业中负责的主管也理解这一点。这一种理解在宣传中得到了体现：一位并不是专家的修理工人，想用锤子把钉子敲进墙壁；他集中注意力，仔细地对准，把锤子向后挥去，然后“啪！”地正中钉头，把钉子敲进了墙壁；这时，在他的周围爆发出热烈的欢呼。这个广告表达了修理工人在工作中的幸福感。这，就是精彩的内容。

尽管听上去很简单很普通，实际上却并非如此。精彩内容的实现需要额外花时间去学习。你的内容必须先让一个人喜欢，再为他所理解。这一过程，只有通过对你希望能引起兴趣的人群深入地研究才能完成。除了研究谁是你的目标群体这个问题，你还必须研究目标群体的基础动机。为什么你的目标群体会做出他们所做的行动？是什么东西在驱使他们？又有什么东西可以鼓动他们？很明显，这些是眼下的大多数宣传所没有考虑到的。

许多品牌代理拥有富有创造力的头脑，具有巨大的潜力。然而，企业的生意是由时间和价格操纵的。客户并不会愿意为那些必要的用于仔细思考的时间买单。然而，创意却确实不是个在规定时间内可以被完成的白领工作。这给企业带来了危机。市场营销的负责人如果想要领导代理机构，他必须首先明白他想要从代理机构得到些什么。更确切地说，他必须明白，他能期待这些代理机构为企业做出些什么。然而，通常情况下，这些负责人对此并不清楚。

绝大多数的中产阶层的企业家，对他们的企业比商业巨头们对自己的企业有着更深入的理解。这是因为他们更加贴近他们企业的产品。此外，这些企业往往具有更小的规模，目标群体往往也更小，所有的一切都更好把握。然而，中产阶层的企业家身上缺失的，是涉及以品牌为主题的培训背景。并且，有时还会缺少大型B2C公司基本都具备的商业设备（且不论它们是否被投入使用）。尽管在中产阶层企业家之间经常流传着这样一句格言："我们做我们觉得正确的事情。"但他们在品牌上所做的考虑还是太少了。

出于这些原因，公司会错过许多机会，并最终没有办法做到打破常规。正如我在开头说的一样：打破常规的基本前提是，必须首先知晓常规。这经常能在态度中得到体现。而中产阶层的企业家们往往不会将自己的产品作为品牌来看待。对于这种现象，我对汽车生产商的例子的阐释也同样适用于机器生产商，或是细小阀门的生产商：他们在售出这些物品的同时，也同样售出了安全和信任。这，是中产阶层的企业家们完全不曾想到的。为什么别人要买下我这个小小的阀门呢？那是因为，如果客户将这枚阀门投入使用，那么在它最终出现损耗之前，客户能至少放心地使用10年。有这种可靠性作为前提，客户就能感到放心而无需顾虑，这是客户之所以购买这个阀门的决定性标准。为了得到这种放心，他甚至会愿意多付一些钱。

反过来说，当人们选择购买打着“便宜，便宜，再便宜”标语的东西的时候，其实也选择了持续更换这种产品的必要性。这在很大程度上会提高花费。所以，那些便宜的东西到头来反而会使你花费更多。如果企业中有理解这一点的经济学家，那么出于长远考虑，给个别产品的投入会大大增加。人们购买的是质量，所以我们需要提高自身产品的质量来换取客户的满意，只有通过这样的方式，我们才能最终赢得长期的客户和可靠的超过10年的收支平衡。但在企业中还存在着只会根据季度报表来做决定的人，他们的想法往往欠缺这样的考虑。

那么，中产阶层的市场营销有着什么样的弊病呢？为了回答这一问题，我想顺便列举一下我在我的B2B课程上学到的两个例子。有一个人负责他的企业在世界范围内的广告。但这个人一年超过300天不会在他的企业里待着。所有诸如广告的发展和策略这样的工作都被搁置了，因为这个人压根就没待在他的岗位上。而这纯粹是他私人的问题。另一种情形是，尽管有着足够的人手，但是广告宣传部门仅仅以执行的方式工作，员工只是在执行命令和完成任务。参加专题课程的一个女学员对这两个例子的意义进行了描述。她的意思大致是说：“这样的研究班让我受益匪浅，我现在明白，在我制作市场营销的企划时，我必须首先研究出一个战略。”然而事实完全是相反的。虽然我不断重复，但是如今的真实情况就是如此：主要的市场营销计划是被做出来的，在Excel表格里，完成的任务会被逐个打上对勾。这种现象会一而再再而三地不断重复，因为人们都觉得“大家”都是这样做的。

对于中小型企业来说，雇用一个关心管理，特别是品牌引导的人，是十分有利的。即使这只占用这个人30%的工作时间。这样的负责人需要为企业定下战略，并且监督其遵守的过程。如果有偏差存在的话，他必须去组织并且操纵这一过程重新向原来希望的方向行驶。他可以在脑子里列出一个核对的表格，这会有助于他进行品牌管理。这样一来，这个市场负责人就可以更轻松地检验，这样一种措施对于品牌来说是否合适。

我的这些考虑总结起来其实就是一个愿望，那就是希望我们最终能够做到“理解”。我希望，我们最终能够理解传媒；我希望，我们能够理解我们的目标群体；我希望我们能够理解人们的愿望、恐惧、需要或者快乐；我希望，中小型企业也能够像大型股份公司一样理解这一点；我希望，我们能够从本质上更好地理解品牌。在德语中，理解（begreifen）是从“抓住（greifen）”发展而来，所以理解同时意味着，将事物变得能被感受并且可以触摸。只有做到了理解，才能生成更为精彩的内容。

只要说到品牌，“传媒”的概念总会时不时地出现。“传媒”和“品牌”这两个概念在很多市场营销人的眼中，总是联系紧密的，就像合二为一了一样。内容和媒体在很多广告经理人眼里是统一的。对于这些所谓的专家而言，当他们在Facebook上发布一些与活动相关的内容的时候，这就已经是一种精彩内容了。这当然是胡说八道。遗憾的是，这并不是一种个别的情况。

只有当人们事先对品牌的内涵进行了深入的研究，社交媒体才能够为品牌所用

媒体的比重在过去的几年里有所增长，尤其是社交媒体。其中，日益进步的科技是主要原因，它为人们开辟了新的交流方式。这之中最为人们所熟知的就是Facebook了。因为这在当下成了火热的主题，很多人甚至都报了Facebook研习班，决定要继续更加深入社交媒体这一主题。

理性地来说，我们其实不应该去参加关于媒体和传媒任何讨人厌的理论课程，而是应该上一上，针对就品牌的内在含义、什么是品牌以及品牌为什么而生这一系列问题的实践课程。大多数人会先尝试去理解传媒，在此之后可能会对品牌也有所了解。这就好像一个主要战略和手法的混淆。这就像为了研究出一个军队防御方案而先去忙着为部队购入坦克。正相反，对自身品牌的意义的理解才是最基础的前提条件。这意味着去理解，你应该为你的品牌定下什么样的主题，以及生成什么样的内容。由此才可以得出，什么样的媒体才是适合或者可以适应的。

Facebook就是一个很好的例子。它的市场营销负责人在没有思考人们为什么要使用这一媒体之前，就将这个媒体投入了使用。这其中所缺少的，是对媒体的理解。他们对此没有足够的认识。理解人们为什么使用媒体也是重要的基础条件。人们使用Facebook，是为了和他们的朋友保持联系。这一联系的一个重要的元素就是Facebook上的照片。因此无需惊讶，Facebook上大约有80%的内容都是图片。Facebook上的照片将人们联系起来，这就是用户使用的动机。当你明白了这一点，你就可以借助我的企业或者我的产品的照片和视频在Facebook上和人们联系起来。

品牌必须要像它的目标群体一样思考

如果可口可乐公司在一个印度的音乐比赛中，赞助了那些从来没有成功过的艺术家们，那么可口可乐公司就应该选择Facebook作为媒介，将活动的照片和视频上传到上面。这样，可口可乐公司就很简易地连接了他在世界范围内的目标群体。企业像目标群体一样地在使用媒介。这使我们得出结论：品牌必须要像它的目标群体一样思考。品牌的行为必须通过特定的方式转变成人的行为。然而，在通过这样的形式思考媒体之前，人们必须首先考虑：如何使一个视频能展现出，我想和我的目标群体说的话呢？我性格的内涵是什么？我想告诉别人的内容又是什么呢？

让我们来看看另一个例子。为什么人们要访问www.handelsblatt.de这个网站呢？他们是到那上面寻找新闻或是信息的。如果我在搜索的瞬间将结果用广告覆盖，使用户感到厌烦，那么这些广告信息就完全没有发挥作用，它们会立刻被关闭。这种只存在一瞬间的广告消息是意义不大的，它们甚至会打扰到我们。而放在一个另外的时间点或者在一个另外的地点，这些刚刚打扰我们的广告消息却能够起到重要的作用。这说明，在获取信息层面上，广告负责人在研究消费者的行为方面还不够。他们不理解寻找者或者读者的行为。

这也是网络媒体是那样成功的原因，因为市场参与者除此之外就没有其他的观念了。没错，你没有看错。就是因为他们认识水平不够，才会把希望寄托在看上去更加容易被加以测量的媒体上。借助于相应的数据,他们就能够在其上表现出成功。

此外，数字还能给他们提供安全的论据，使他们能够对品牌管理隐瞒其缺点。这些市场营销人员向他们的老板展现的数字仅仅是一种数量的说明，从中根本无法看出他们的宣传是否触动了客户，并且能够深入到他们的内心。这就像是我能够证据确凿地向你证明，我曾经和上百个女人调过情。但这又有什么用呢？这么做的目的，只是让我的行动的数量变得很引人注目。可惜的是，统计出来的数字和现实中消费者的行为总是割裂开来的。因此，我很确信，只有广告在线上措施的投资有所缩减，市场参与者双方的不理解才能得到终止。

这一点在印刷媒体上也是相似的。印刷媒体现在处于一个很艰难的阶段。危机来临时总是盘点清理工作的绝佳时机。相关负责人必须从根本上提出问题：为什么人们要使用书刊呢？实际上印刷媒体的总量下滑，并没有人们想象的那么高。在这场危机中主要面临冲击的，是诸如Stern、Capital和Bunte这些杂志，以及女性杂志。女性杂志一直在尝试同时满足三到四个年龄阶段的人。

危机来临时总是盘点清理工作的绝佳时机

这样做的效果不会很好，因为不同年龄段的人会有不同的兴趣爱好。值得注意的是，一些杂志的销售数量甚至有着惊人的增长。这些占优先地位的杂志通常致力于一定的主题，比如特殊兴趣类杂志（Special-Interest- Magazine）。人们之所以会愿意阅读这些杂志肯定是有原因的！我们必须将其研究清楚并将它运用到市场营销之中。

触及客户的机会实际上是会越来越大的。媒体一直在挖掘目标群体中最尖端的部分，而这种筛选将会变得日益完善。借此机会，企业也可以更好更简单地深入客户。然而，这样的机会常常会被忽略。换言之，在这一点上滞留，我们会给客户自己编辑。为了理解这一点，我必须再一次后退一步。我必须理解，为什么我的客户偏偏只会做出这样的行动。然后，我才可以在相符的媒体上通过触动他们行为的动机对他们进行鼓动。

找出合适的媒体，并使用多种媒体混合的方式进行宣传

通过一个确定了目标的传媒的选择，我减少了税收损失并且（极其有把握地）与客户产生了更深入地接触。同时，为了接触到我的所有目标人群，最好还要引进和投入混合媒体。与人们的错误认识相反，这样做并不会提高费用：预算仅仅是被重新分配了，增长的是战略性的协商的费用，这些最终都会在结果中清楚地体现出来。这样的建议往往会在混合媒体中被否决。所以，我们实际上拥有史无前例的、与目标群体竞相对话的机会！

媒体营销在过去犯了怎样的错误呢？问题的症结在于，媒体代理机构大都是靠执行，而不是靠提出计划来盈利。现有的系统就是在这一模式的基础上经过多年时间建立起来的。其中的错误在现在看来是显而易见的：重大的战略性计划才是值得为之买单的东西。人们必须承认，这样的系统建立简直是自掘坟墓。现在这些企业就是这样的“愚人”，他们允许广告代理机构自行发展，仅仅靠执行工作盈利，这一点在大众传媒中也是如此。这样的发展肯定是会经历巨大挫折的。因为这样一来，一个像战略性的指导意见这样的决定性的成就，在一定程度上相当于是免费的。而人尽皆知的是：免费的东西毫无价值；而这些东西所带来的真正花费会在其它地方体现。正是企业本身在为额外地成就买单，并且，这些费用最终还是由消费者来承担。品牌大受其累，而内容空无一物。

我想举我们日常生活中一个很形象的例子来说明。我去代理处询问，面对我坐着的是一位交流的顾问。而实际上他也是一个媒体策划者，他只是恰好分配到了这样一个职位。这个给我提出建议、为我讲解社交媒体的人，自己却既不使用Facebook，也不使用Twitter，而这些明明是已经被今天的客户所广泛接受的事物。我当时就想向代理的主管投诉，把这个人换掉。一个客户顾问怎么能够不理解媒体，甚至自己都不使用它们呢？他仅仅是一个企业里的人，而不是什么顾问。广告代理机构怎么能够不为自己做广告呢？

同样使我不能理解的还有，为什么那么多的代理机构将自己的广告直接搁置在一边。代理是应该为自己打广告的。为什么这些代理机构不使用自己的方法呢？他们没有固定的主题吗？难道“精彩内容”在代理机构中只是一个空壳，他们自己不知道这意味着什么吗？这样的代理机构太糟糕了，以至于他们一点都不起眼，甚至根本不理解什么叫作做广告。这样的行为与我们经常听到的“客户要尽可能地多做广告”的说法是矛盾的。作为一个客户，我倒要反问这些机构：“为什么应该是我来多做广告，而你们自己却连做都不做？”很明显，它们对自己所推荐采用的方法都不了解。

理解力和经验只靠学习是不够的，人们必须实打实地投身到实践中。否则，人们根本不会有真正的理解和领悟。对“精彩内容”原则的“理解”“领悟”可以由这个问题来检验：我是从品牌还是从市场营销出发来考虑问题的呢？市场营销只是一个品牌的工具。这一点通常会被错误地理解。我们会听到诸如“是的，我在做市场营销，我在谷歌做赞助商链接（AdWords）”这类的回答，但其实这根本不是市场营销！完全是强行将品牌管理与市场营销区分开来了。市场营销应该让品牌走出去：将品牌带给目标群体或者更确切地说是带给最终的用户。为此，我必须站在第一线上领导这个品牌。我必须知道，这一品牌代表了什么。就像托马斯·科赫在声明中所指出的那样，对于这个问题，法律工作者们并不能给出理想的答案。我希望我能像他一样，能做到让品牌被理解，并且让企业的负责人，不论有着什么规模或者什么样的法律地位，都能理解他们的品牌。通过品牌，我们所确定的主题就能被最终的消费者感知和触碰。只有这样，品牌才能定义我自身，并成为我的一部分。

为什么广告代理机构不为自己做广告呢？

摘要

精彩内容或者好的内容，听上去很简单，然而很少能够达到。精彩内容是深入人心的，它会触及一个人的内心。通常它不需要言语，就可以理解那些表达出来的东西。恰恰这里就是看起来无法逾越的障碍。基本的前提条件对于一个好的内容，精彩的含义，是这样的：

→从内心做好准备，释放思想

→理解

→领悟

→丰富——有意识地理解

“在内心里准备”涉及有意识的对品牌

花费时间。您要在您的生活中创造出一个自由的空间，来思考您的产品、您的企业和您的品牌。问题可以是这样的：

→我们是谁？
员工又是谁？
→我们总共多少人？
→我们来自哪里？
（地点，区域，公司的历史）
→谁是我们的客户？
我们看起来怎么样？
→我们的客户怎么使用我们的产品？
他怎么运用我们的品牌？
→客户和我们一起经历了什么？
客户在未来的十年会和我们一起经历什么？
→为什么客户会来找我们？
→为什么客户喜欢我们？

这些问题还可以随意地增加。每一个我们的品牌阐述事实的细节，都是重要的。这些问题的回答会帮助您，去理解您自己，您的品牌和您的客户。这通常是一种有趣的体会：如果人们能理解一个修理工人将一个钉子准确无误地敲中的快乐，或者是一个用户在网络上没有找到所需求的信息，而是被铺天盖地的网络广告所叨扰。

您可以尝试去感受这种经历：快乐和厌恶。这是一个您能从内心来理解自己品牌个性的大好时机。现在您真正了解自己是什么。这就是现在最重要的事情。您的工作就是品牌管理。您掌控品牌发展，留心其发展的偏差并对其及时进行更正。让一个代理商在市场营销中进行帮助，您对其进行管理和领导。这就是您的品牌。

假如您已知道自己的品牌代表了什么，那

就选取一个适当的主题。让您的顾客理解和感受到您的品牌。想一想蛋制利口酒（Eierlikör Verpoorten），它的主题就是，在一个午茶时间，几个朋友坐下来一起喝咖啡吃蛋糕。

如果您理解您是谁，知道什么能打动人们的心，您如何能深入到或您能深入到人群中的哪些地方，那么您对您的目标人群就是意义重大的。假如人们对您的品牌和产品真的感兴趣，您就有了这样一种很棒的满足感。

“你可能是世界上最聪明的人，
但如果你不去运用你的知识，
在别人看来，你永远都像是个傻子。”

多米尼克·穆尔特如（Dominic Multerer）

知识就是……力量。大多数人都会这样补充这个句子。但果真如此吗？拥有知识真地能使我们变得强大吗？不，并不会。拥有知识仅仅是变得强大的第一步。

→

“知识是……”原则

难道科研机构之所以强大，仅仅是因为它们拥有浩瀚的知识储量吗？

不久前我看到一句话：“知识是世界上唯一一种在使用过程中反而不断积累增多的东西。”从表面上看，这是对“知识就是力量”的支持。但是“知识就是力量”这种说法本身并没有坚实的基础，甚至完全有可能是没有意义的。因为我们从日常的生活经验中可以得知，事实并非如此。说“金钱是力量”倒是无可厚非。但与之相对，我们能够通过获取更多的知识使自身变得更加强大吗？难道科研机构之所以强大，仅仅是因为它们拥有浩瀚的知识储量吗？接下来的这个小故事将会向你们展示，知识会怎样被误用。

午休时间，两个男人穿过各个部门的办公室。他们分别是数据部和信息部的员工。两人来到一个巨大并且没有窗户、被刺眼的霓虹灯光所照亮的大厅。不计其数的过道走廊将大厅分割开来，使人想起高速公路网络。在道路的左右两侧，形状相同的大型计算机整齐地排列着。①

如果理论知识不加以应用，那他们又有什么用呢

突然，其中的一个男人站住了，另一个男人也停了下来，吃惊而疑惑地看着他的同伴。先停下来的男人轻声问道：“嘘！您听到了吗？”“听到什么？”“每秒1500万兆的信息发出的嗡鸣。每一次联系、每一个咨

① Tom Peters， 2001年慕尼黑Top50管理项目。

询、每一笔交易……理论上我们能了解世界上每一个客户即时具体的需要。”先停下来的男人兀自入迷地说道。“理论上”，另一个男人语带讥讽，又好奇地补充，“所以实际上呢？”“实际上？”，第一个人重复了问题，吸了一口气，回答道，“……并不是这样的！”

这个IBM②2009年的广告短片最后以一个建议结束——少说，多做！虽然这个场景如此简单并具有娱乐性，但它的确指出了许多决策者和企业都没能跨过的一道坎。理论上的知识不加以实际应用，又怎么能够发挥作用呢？这就跟缺少了实践的快感，竞争本身的亮点也就灰飞烟灭了一样。

巴托普：一流的质量和朴素的设计

像IBM[①]一样的大型软件集团的成功，不单单缘于专业知识，还在很大程度上归功于对客户需要和愿望的理解，努力倾听客户的声音。软件开发者们通过将专业知识和客户需求相结合，推出为客户量身裁定的产品。这将导致开发者不断地处在发展过程中。他们必须一直坚持推陈出新，不断发展。一旦出现了停滞，或是放弃了发展，他们就会在日渐激烈的市场竞争中被淘汰。这种现象屡见不鲜。IBM在软件发展过程中长年处于领先地位，有时甚至成为行业的标准。而它的竞争者，比如甲骨文和思爱普（SAP），则加强了对自身的薄弱点和专业技术的研究，并最终通过坚持不懈的实践弥补了自己的缺陷。

---

① 参阅 :http://www.youtube.com/watch?v=AsrszMdLX7A .

我们接下来要讲的这家德国公司，同样也属于企业中坚持不懈的那一类。这家公司的历史始于巴伐利亚波登教会下靠近兰茨胡特的一家小手工作坊。而如今，它坐落于离创办地不远的艾希，以大约五百名员工成为德国最大的中等规模公司之一。这便是厨具生产公司巴托普的历史。一流的质量，一直是马丁·巴托普于1949年创办的这家家具工坊以来的理念。除此之外，朴素的设计在50年代同样是巴托普的突出特征。

1978年，格尔德·巴托普和他的一个姐妹共同继承了这家企业。正是他确立了巴托普在外观和质量上延续至今的独特风格。想要在一个高手如云的餐具市场上占领一席之地，就只有一种可能性：巴托普必须独树一帜。为此，这家企业对自己提出了打造最好的厨房，并始终从使用角度思考如何创新的要求。为了贯彻这个理念，格尔德·巴托普决定任用奥托·艾舍作为企业的室内设计师。

奥托·艾舍被视为德国最有影响力的室内设计师之一。他拟定了1972年慕尼黑奥运会的设计规范，并因为其中简单却又使人印象深刻的运动图示而闻名。这些图示直至今日还时常会在各种地方被使用，比如说体育节目的花絮中。奥托·艾舍一点都不了解厨具，但正因为如此，他才能在巴托普的委托下作为局外人对厨具进行思考。时至今日，很多时候厨房已经缩减成沿墙壁摆放一排烹饪用具的场所，失去了原有的生活情调。他所得出的结论是：厨房应该成为室内艺术的组成部分，成为人们会面、下厨和交流的生活空间。

巴托普专注于厨房中重要的部分，并将所有多余的部分进行削减。这家企业仰仗于它的精确度和远高于平均水平的质量标准，这些标准在其产品清晰明朗的外观上也有所体现。巴托普的产品往往用清晰的线条替代丰富的装饰物，用固定的颜色替代多彩，它并不去追求潮流，而是用它对厨具的新定义创造属于自己的潮流。它创造的这种潮流是如此强大，以至于它的竞争者们也都争相模仿这种清晰明朗的风格。

巴托普的客户如同该品牌一样绝不妥协

巴托普很少进行传统的市场调查和研究，尽管如此，它还是能做到贴近自己的客户。巴托普的销售部门会注重观察来自不同国家的人的习性，并且还会研究厨艺文化的产生：人们喜欢做什么菜？人们喜欢用什么方法做菜？人们如何吃饭？单独或是一起？这些认识最终都在产品中得到了体现。但巴托普没有就此止步，而是继续发展，致力于贯彻符合公司理念的原则。品牌清晰明朗的设计原则限制了个别人的特殊愿望的影响，进而使个体的愿望受到关注。巴托普的客户会毫不犹豫地选择这个品牌，并且就像这个品牌一样，绝不妥协。

缺少的知识只能从外部买进

手工方面的知识是巴托普发展的基石。但相对于企业的高质量要求和它的客户群体来说，仅仅有这些知识是不够的。所以当手工艺术需要通过医生、理疗师和职业厨师的专业知识来填补和完善时，也就不足为奇了。巴托普通过将理论知识与实践结合，创造出使我们的日常变得更加美好的产品。正是通过坚持不懈地将知识用于实践，这家中等规模的企业在日渐饱和的市场上找到了自身的位置。

巴托普的例子深刻地表明，知识并不是大型企业集团所特有的标志。这个例子进一步地表明了，知识如果不被使用和转化到实践中，那它就起不到什么作用。就像IBM带有讽刺意味的广告短片中所说的那样，只是一些毫无意义的理论。巴托普的例子也表明，在把知识变成实践的过程中存在着几个问题：我能做什么？我的能力是什么？我有什么专业技能？什么是可能的？我的界限在哪？我的潜力足够我占领优势地位吗？这些问题的答案也可以帮助形成对自身界限的认识。巴托普证明了这一点：通过引进外地的知识，比如设计师奥托·艾舍和医生的专业知识，能够完善和提高自身的专业技能。中间的这一步经常是不被客户所察觉的：他们只会看到最后完美的产品。

我一直觉得理论在德国会受到更多的重视。我不能用数据证明这一点，但不计其数的企业老总和高校教授使我难免会产生这种印象。一个教授告诉我，一个德国毕业生在做决定之前会积累好95%的知识，与此相对的是一个美国学生只需要70%的知识就够了。通过这奢侈的前期行动，我们德国人阻碍了我们自己，使创新变得困难。美国人之所以经常能超过我们，成为创新的引导者，是因为他们会凭感觉作决定，并且更加相信自己的直觉。作决定时，经验、直觉、感觉和知识同等重要。

在德国，会进行许多学术研究，并以此来指导行动。然而，这些研究大多会提出异议、或是确定自己的观点，并不能道出什么真知灼见。其实对于任何一个统计，至少都会有一项研究证明它是错误的。

知识和实践不应该对立起来。人们不应该觉得实践比知识更重要。反过来，认为知识比实践更重要，也同样是错误的。

成功使人性感——这对于品牌也适用

成功的品牌必须做到因人而异。从拿破仑一直到史蒂夫·乔布斯一直都是如此。他们非凡的人生道路值得深入地剖析。我把他们的故事作为范例研究。这些人成功的原因是，他们对自我和周遭从不妥协。成功使人性感，人们经常这样说。在这点上，成功的品牌和受欢迎的人是一样的——它们甚至同样会被爱上。人们时常说“这是我最喜欢的品牌”，这同“它们是性感的”其实没有什么不同。

除了独特性，“怎么做”也是至关重要的。内心的意愿固然是必不可少的，而其中的关键则在于要同顾客建立起良好的联系，与顾客分享故事。前提是倾听客户，认真对待他的愿望和喜好。建立起了一个品牌，就有义务遵循严苛的规则。品牌可不是玩物！

“怎么做”与可靠、真实、价值、客户需求和特性有关。这些东西在准备阶段就应该阐释清楚，它们能够指引品牌的建立。每个遵循规则的品牌都是强大的，跟风的品牌则是差劲的。欧宝就已经变成了一个差劲的品牌，斯柯达也是个薄弱的品牌。当您听到这个品牌名字的时候，脑海里有否浮现出一幅具体的图像呢？您需要仔细地想一想，对吧？因为斯柯达的品牌广告一直在不断改变，没有形成一个固定的品牌形象。

不只有汽车品牌可能变得差劲，其他的品牌也一样。比如面条品牌佰克尔（Birkel）。您脑子里对这个品牌还有什么印象吗？如果说这个名字能使您想起些什么的话，我想那应该就是80年代中期的鸡蛋丑闻了。虽然最终佰克尔被证明没有责任，并得到了赔偿，但铺天盖地的大字标题使这个差劲的品牌受到了冲击，损害惨重：消费者们不再信任佰克尔，所以它很快从市场上消失。

“品牌账户”有存有取

与此相对的，好品牌比如席克斯特，能够经受得住丑闻，没有引起品牌形象的冲击。好品牌善于改变产品。他们根据市场需求做产品。但品牌还是保持不变！许多东西应存入“品牌账户”。知识可以成为创造价值链的一环。我们也必须从品牌账户里取出一些东西，比如不可靠性。如果从品牌账户里取出的东西比存入的东西多的话，那这个品牌就完蛋了！

当然，建立品牌也是有风险的。人们可能到处闯祸。结果是致命的，而且难以马上意识到。这其中的问题是：这个品牌重要吗？具有交际性吗？能让人产生好感吗？品牌承诺如何？品牌具有实现承诺的潜质吗？人们需要这个品牌吗？品牌有自己的个性吗？客户能爱上它吗？品牌形象是清晰还是模糊的？

品牌缺少什么个性

太多品牌有形象模糊的问题。它们缺少个性。企业想让其品牌受所有人喜欢，但就像现实生活中一样，一个人肯定不能做到让自己受所有人喜欢。在德国还有一种特殊的影响。许多德国公司的成功是源于其杰出的科技和生产水平及其一流的产品，并不是源于品牌。这些公司不在乎品牌。他们的优秀技术就能使他们自动归入冠军队列。

从中得出的结论是，仅仅凭借“想到就做”的干劲进入市场是致命的。不论是产品还是品牌的发展，都需要做好充足的准备。换言之：每一个想法，每一个市场模型都以一个设想为基础。每一个设想在开始都是理论的。第二步才是经验和知识。这说明具体的实施发生在设想的发展之后。我的行动使想法变成了现实。

拒绝可能来自于自己或他人的犹豫。有了想法向他人介绍，可能只会得到一声清晰的“不”作为回应。特别令人失望的是，这种拒绝很可能是没有解释，也没有完整的理由。取而代之的是“人们不这样做”或“人们不能这样做”的回答。这些想法会阻碍思维并具有毁灭性。您应该这样想：我的想法真的有阻碍吗？如果不是的话，您应该清楚地同每一个“不”做斗争。打破说“不”的人的规则。有意义的是去询问在这个“不”后面存在什么。经常是对改变的恐惧，对未知的恐惧。在决定的过程中我们需要足够的勇气！

我们来观察一个投资的案例。假设我有100欧元，我会将它们全部用来投资股票，投进不动产或是黄金。如果这100欧元最终变成了104欧元，那是再好不过的了。我其实还有另一种选项：把这100欧元分成很多小的部分。这样一来我就会清楚，只要其中有1欧元能为我带来1000欧元的收益，那么就算其他99欧元都亏损了也都无所谓。这就是完全不同的一个门路了。如果您考虑的格局小，收益也会少；如果您考虑的格局大，可能会倒霉失败——这正是投资的风险所在，但同时您也可能会因此获得巨大的收益。有经验的知识是有帮助的，没有勇气的知识就毫无作用。而没有知识的勇气就是自杀！

我认为，在德国，能清楚地判断“是”或者“不是”的人太少。太多人追求普遍的认同或者广度的妥协。他们在茫茫人海中失去了自己的个性。假如知识被广泛地看作是一个基础条件，我们便会都忙于汲取知识。而紧接着，我们就会陷入了没有终点的讨论中。通过我们的知识储备，我们很可能有能力告诉别人什么是可行的。但正因为他们也具有相应的知识储备，他们也会告诉我们他们对可行事物的想法。如此这般，争论就会陷入僵局。今天成功者对还在说“是”的竞争说“不”，同时对坚持说“不”的竞争说“是”。在产品和设计变得相似的市场中，不同是很重要的。人们应该有目的地去展现自己。一个日常中不算引起轰动的例子，可以很好地说明我的想法。

对广泛认同的追求可能是毁灭性的

过去在德国，沙发由于其较长的产品生命周期而销量最低。德国人每隔七年买一辆新汽车，但每隔十五年才买一个新沙发。那么现在家具供应商依靠什么来提高销量呢？取代一两种沙发样式，现在一些人展出十三四种沙发样式来增加选择。短期内所有的家具商人都跟风了。于是销售的面积扩大了，整个大厅都装上了沙发，但销售没有如预期那样成功。于是一些商人想出了其他的贷款方式，比如分期付款或者零首付。结果是：所有其他的商人都跟风了。所有人都重新做一样的事情。最后人们想到了办法，9年付完钱买一个新沙发，他们想这样把沙发使用周期从15年降到9年。于是所有人也跟着做了。当所有人都做同样的事情，投身于服务业中，他们就不出售整套沙发了。单个的沙发供应商不再在市场中脱颖而出。从中得出，产品和品牌的发展缺乏差异。

最后，有一个生产者对这个体系说“不”。我这只有一个沙发，其他不同的模型你可以在网上看。不，我这没有贷款，甚至不能接受零首付的贷款。不，我不帮你组装沙发，你必须自己动手做。不，我不把你的沙发运回家，你必须自己领回去。这就是宜家（IKEA）。

其他供应商提供其他的服务——却没有提供传统服务

宜家提供一些特别的服务。他们承诺，在购物过程中帮助照看顾客的孩子们。传统的家具商不提供这种服务。宜家还供应给他们的顾客美味实惠的饭菜。其他商家也不这么做。简单地说，宜家对很多竞争中别人说“不”的方面说“是”。这促成了他们客户数量和产品信誉的上升。甚至还有顾客对他们的行为进行辩护。

当别人对一个宜家客户说：“你精神错乱了吧，买个沙发还要自己爬到三楼。”他会回答：“我想运动身体，我觉得这样很好。”别人还说：“你必须自己组装啊。”客户会继续辩护。客户为这个品牌辩护，因为他能够理解这个品牌。但是宜家也在竞争之中。他们的做法被模仿的时间间隔一直在变得更短。正如这个例子所说的，一个品牌必须变得很不同，只有这样，这个品牌才会受人欢迎。

为什么我们在交友中和在品牌中表现得不同呢？

我再进一步说明。品牌必须在人们中产生截然不同的感受。（参阅章节：《“令人惊讶”原则》）为此品牌需要有特色。没有特色的品牌不适合市场。一个人在其朋友圈中基本上不会有毫无特色的朋友。“你交什么朋友，你就是什么人。”我奶奶经常对我这么说。品牌也是如此，品牌是我们的一部分。为什么我们在交友中和在品牌中表现得不同呢？

那么，这与“知识”又有什么关系呢？现在，无论我们喜不喜欢一个人，我们都决定得很快。只有“是的，我喜欢”和“不，我不喜欢”。于是决定就下来了，无需知识的累积。在实际的转化中这叫行动。另一种说法“我喜欢你，我和你见面”或者“我不喜欢你，我不是黑就是白联系”。太多知识让抉择变得艰难。这一点我们每个人都懂。就像我们在商业活动中频频遇到陌生人，第一次见面或者私人交流之前，我们试图了解这个人。但如果我们发现坐在对面的人与我们想象不符呢？我们通常把黑或者白变成灰。这就是一种妥协。我们所获取的知识引导我们走向错误。

要做决定，要先分清世界的黑与白

为了做决定，要先分清世界的黑与白。在黑白的两极之间，有一个舒适区域，大多数人都处于这个区域之中。在这个区域中是做不出决定的，这里面也少有新的东西，所有的东西都是人们原先安排好的。然而幸运的是，处于这区域中的东西是极少数。清醒的想逃离那里的人必须要打破规则。这就是行动的基础——人们必须做点什么。

我们有必要向儿童学习。他们不需要知识来探索这个世界，他们对这个世界的认识，都是从日常的玩耍或者说实际的经验中获得的。假如我在一次尝试中失败了九次，但在第十次成功了，那么我可以说我使用了十次机会，但收获了不同的结果。至少我得到了不同的经历。

摘要

知识就是力量，这是一句俗语。但这只是一半真相。知识在不同方式的决定过程中起作用。然而还有其他的关键组成：

→同理心

→经验（实际经验）

→直觉

→文化决定的经历（国际化）

在所有要素中最重要的是权衡。不管在哪一方面投入过多，都可能对整体造成局限，阻碍发展，会对整个决定造成消极影响。

单一的“理论”和单一的“实践”一样收效甚微。一个理论如果没有被转化到实践应用中，那么它就永远只是理论，永远都不会变成现实。一项实践活动如果缺少在活动前的思考、展望、预定计划，那么这个实践活动就会失败。因此，在白纸黑字上做有目的的规划是有帮助的：为了做一个决定。

这就是说：我必须仔细关注我所在的市场和领域。此外“往花园外瞧一瞧”是有必要的，对其他领域的观察可以使我们全面地了解市场的近况以及产生新颖的想法。同样也要关注顾客的动态。

从顾客身上我们可以了解，他们想要什么，他们热爱什么，他们喜欢什么，他们需要什么，他们的想法如何，他们的感受如何，他们生活如何。同样的，我们也可以从中得知，他们讨厌什么，他们不喜欢什么，他们有何烦恼和困难。顾客在无形中告诉我们他们的经历、经验、喜乐与哀愁。倘若我们抽些时间来接近他们，细心倾听，那么我们就能获悉这一切。通过与顾客的接触我们可以补充自身的知识。

除了思考和规划，还缺少一个关键的成分来打破常规，彰显个性。那就是勇气。如果我没有勇气来使自己的想法投入实践，那么我就会依旧被禁锢在理论知识的牢笼里。这时知识就是软弱无力。而勇气使知识变成力量!

“只有一点点的别出心裁
还远远不够。”

多米尼克·穆尔特如（Dominic Multerer）

对于“哲学”，通常人们都会将它理解成夸夸其谈的概念。为了避免各种商业性迷惑以及一些过高收益预期的现象发生，我很乐意向您解释我为什么要将“哲学”作为出发点。接下来向您介绍的，是我个人解决此类问题的方法。在这里，我首先要把给人以出路和信仰的佛家思想作为导向（但是我并不强求您必须像我这样做，这只是本人的一些建议）。举个例子，假如所有人类都行走在一条地道中，目的都是为了到达充满光的彼岸。诚然，这条地道的确能通向彼岸。但它难道就是唯一的道路吗？不，我也许同样可以尝试向上爬出地道，从它上方向彼岸前进；或者我也可以尝试绕着地道四处走走，说不定同样也能到达彼岸。哪一条路才是最好的，这个问题的答案因人而异。重要的是，我们必须动身出发，走上那条自己选择的路。现在，我会以“哲学”为根基，也就不难理解了。

→

拉链哲学

我这套哲学的生效模式类似于一条拉链。首先有分离的两端，它们由一条链子连通起来并且与之形成一个整体。我的哲学理论就是这样一条链，它将那两者——品牌差异化和游击营销——连接并导通了起来。接下来我的阐述可能略显激进。正是有了这些构件，整个拉链系统才得以顺利运行——这不就形成了一套“拉链法则”吗！我的这套哲学不仅仅局限于一两个领域，它是对事物理解以及生活态度的另一种见解。在这里，我只是将其引用到品牌营销上。

集结“品牌差异化”与“游击队”思考模式

大多数情况下，人们听到“品牌差异化”是这样的反应：品牌差异化？嗯，听起来倒是挺亲切挺不错，但是没人能懂呀，因为它太过复杂抽象太过专业了，只有少数人能从中得出结论。另一方面，“游击队”听起来也挺亲切，但是同样没几个人能理解。很多人觉得，“游击营销”有点搞笑，迫不得已的时候倒是可以尝试一下。这听起来或许有点蛮横不讲道理，但是当人们想迅速博取眼球的时候它却往往能派上用场。至少，通过“游击”手段总能够以某种方式给客户带来惊喜。可惜这个方法只与行动力有关，而与整个品牌交流往来无关。行为主义是漫无目的的，而企业是有明确发展目标的，二者是否能珠联璧合呢？

原则上有70%的品牌工作是纯粹的计划性工作。在这里我指的是日常的销售活动（比如网站时效性的审核工作），也就是所有人都能胜任的那一部分工作。也许将这部分专业性强、生产力高的工作用百分数表示出来并不是很合理，但是可

自由发挥即是要夺人眼球

以肯定的是，它们的地位都是举足轻重的，完成它们才是一切的先决条件。我们不难想象，一个手工业者会因为自己出现在周末发放的广告传单上而欣喜若狂。那么，它究竟给我们带来了什么呢？

除此之外，还有另一个特别的部分存在于整个品牌营销的概念之中。这部分的内容并不像前面提到的必需部分那样占了巨大的比重，但是它往往能起到决定性的作用——它就是自由发挥部分。花样滑冰就是现实生活中一个很好的例子：在花样滑冰比赛中，既有规定的必做动作，也有可以自由发挥的选做动作。在某些固定的姿势、动作达到要求的前提下，更加激动人心的却是自选动作中那些出乎意料的元素。它们往往能引人注目，给观众留下深刻的印象。

那么，如果我第一部分的工作减去20%，由自由发挥的项目取而代之，这样的做法在很多人眼里显得有些愚蠢——我必须要扎实基础，选做的既然跟必做的无关，那我就不需要做，他们想。然而，这两者其实都是一场演出中的两幕剧，它们在独立自主中取长补短。单独来看，

建造是自下而上的：凭借意识和构想

那70%的必做部分其实是可替换的。几乎每个人都能胜任这部分的工作。就算一个人把它做得再好，也会有人比他做得更好。但是，在自选部分中我就能自由发挥想象去考虑那些我个人想要表达、展示和讲述的内容。这部分具有个人经历的性质，我必须展示那些别人展示不出来的个人风采——即“领先一步”（one step ahead）。在这里，我将自己来构思内容并且在其中镌刻下我的风格。这些可比那原本的20%要有价值得多，它可以真正使你脱颖而出。像这样，我的

个性和意识便能像主线一样贯穿整体。但是，自由发挥的部分不能单独存在。那么，当我没有必做部分作为基础的时候，自由发挥部分又该建立在什么之上呢？

一切都必须从基础做起：一开始会有一个构思，它的计划有一定战略性，并且会有一些适应性的转变。接下来的建造必须自下而上，首先是想法，再到内容，最后才是实际安置。当这样的建造逐渐变得有血有肉的时候，便开始形成了差异化，也只有在这时，一些交流中的偏见才有可能被消除。如果能够准确拿捏的话，在实际安置过程中就会出现一部分可以觉察到的差异化的苗头了，以及一些规则被打破的征兆。

近乎疯狂——几乎被看作一项措施的是，不留后路、逐条逐项地去打破规则。对交流规则的破坏过程就像一层“奶盖”，覆在已完成的基本工作之上。这意味着，这条路总是比其他路要求提供更多的准备和执行力。否则就可能会搅成一团浆糊了。

我在上中学的时候只是偶尔会做作业，但是效果还是不错的。这可并不意味着我拒绝接受学校的事物。这两者还是有一定区别的。作业还是得做的，我只是换了种方式来做——更准确地说，是当我想做的时候再做。如果我对一项任务感兴趣，那么就算没有规定我去做，我也会去找到它的答案或者是解决方法。而我是如何找到的，其实无关紧要。的确，有人会说，作业就应该写完。但是，怎么写，和谁写，是单独写，和兄弟姐妹一起写还是和补习老师一起写，同样也都无所谓。反正最后你需要找到某个人，他的思维模式与你相同，能理解你，甚至也许还能陪伴你一段日子。他是谁，这将在何时何地发生，都只能取决于你。只有你的意愿才可以一锤定音。

只与你的意愿有关，在品牌营销领域它指的是：你是否接受过营销交流商务的培训，是否上过大学，都无关紧要，和你读过多少书也没有关系。你可以自己单独，或者在你所在的部门当中，又或者召集代理开会来研究发展你的品牌。另外，你需要一个绝佳的拍档，他（或她）要能理解你，与你志同道合、感同身受，对你直言不讳，和你一起拟就蓝图，能够引导你并且目标明确（当然指的是和品牌营销有关的目标）。这些事可没有几个人能做到！

把话说清楚，别拐弯抹角

如果你已经开始步入正轨，你会发现，有许多东西正在迷惑我们的视线。其中一些使我们分心，让我们离目标越来越远。比如，有人用花哨的措辞来取代精确的表达，就是一个例子。精确表达的含义是直来直往，不拐弯抹角。比如这样的话："不错，这个牌子是挺出名，不过是臭名昭著而已。"或者："您应当马上对公司风格进行转型，现在这个风格太普遍了，这样很糟糕。"对于"花哨的措辞"，我指的是那些修饰包装过的语言，诸如："这种时候人们也许可以考虑把公司的风格改变一下。"像这样模糊不清的措辞完全无益，并且只会让人摸不着头脑，就像那句格言所说：我听到了你说的话，但我不理解你的意思。但是接下来我想举另一个例子。在这个例子中，虽然也有一些东西让人分心，但却起到了积极的作用。我坐在一家饭馆里，服务员走过来递给我菜单。我打开菜单，开始浏览。在浏览过程中，我大致了解到了这家餐馆的菜色和饮品。然而，同时我也受到周围环境的干扰，比如餐馆的背景音乐，餐厅的服务、桌子收拾的整洁程度、墙上挂的图片、甚至是那张菜单——它是薄还是厚、页纸干净吗、能让人好好翻阅吗、纸张的触感怎么样，等等。所有的细枝末节都会一起来书写我的这段餐馆经历，它们都会成为我整体印象的一部分，影响着我的每个决定。接着，为了准确点出一道菜，我还得再看一遍菜单。在这时，一股浓郁的香味扑鼻而来，结果又让我分心了。原来是邻桌有什么菜端了上来，于是我好奇地探出脑袋去看。这样一来，通过了视觉、嗅觉和亲眼观察感受，那些菜单上的菜对我来说已经近在咫尺、不再陌生了。那上面的所有菜都可以被替换成我的感受。当我直接看到了它们，它们就相当于已经成为了我的一种经历，就像一场别开生面的演出。不管你喜不喜欢它，你都拿他没辙。我认为，这种运用所有感官的体会真不错！我可以通过这种方式进行更多的想象。我的直觉告诉我：买下它！这正是一个品牌应该带给顾客的感觉。

视周边环境如何变化，商品或品牌以何种方式上市而定，一件产品能够带给我们的感受不是赏心悦目，就是没什么感觉——更准确地说是觉得它太无趣了。一张菜单是一个基本的标准，必须具备。然而除此之外同样必不可少的是我们还要把事情做得别出心裁。在你把一切都做完以后，你还得问问自己，顾客到底为了什么来光临你的店？

与此相关的一点是，人是一种视觉性动物。我们80%的决定都取决于我们的视觉感受。另外的20%则与听觉、触觉、嗅觉和味觉有关，它们同样很重要。

它们平衡了我们看到一些事物时的视觉感受。这的确很复杂，因为这里存在一个“理论”本身的疑问。理论，它是来描述复杂事物的东西。然而在学校里我们学的又恰恰是简单明了的课程，用的是简单明了的文字，因为要让所有人都能理解当中的内容。比如“你这个笨蛋”——每个人都知道这句话的意思。然而事实是，总有某些地方坐着一些理论编造者，他们会说：“没错，我们就是要坚持用‘放置’‘定位’或者‘差异化’这样的术语。”好了，这样一来，那些人们之前给你改掉的陌生词语，现在又为了你能写出漂亮的文章而重新补进这套语言中了——这就是“写作德语”。那么，我们该如何具体地向人们介绍这些术语呢？就连那些所谓的专家也会争论这些术语的解释，因为他们其实自己也不太清楚。那我们该怎么通过研究讨论来为这些术语配备一套清楚易懂的说明呢？这就可以迁移到营销领域来讨论了。最终结果常常是，顾客不理解这些术语，于是便回避它们。我想对顾客说的对于他们来说十分模糊，以至于我的话让他们无法理解，我的信息、我的品牌概念也就无法让他们感受到了。

让顾客能感受到才是我们的主旨，但是几乎没有一个人考虑过这个问题，只有极少数人有这个意识。不过喜欢走心的意大利人总是会下意识地这样做，他们会听从直觉、经验和敏锐的观察力。对于理论家来说，他们的这种行为当然显得有些蒙昧和不专业。不过反正有用就行了。

如果我们都是小孩，我们会做什么？我们会不断尝试，甚至还不厌其烦。如果有什么进行得不太顺利，我们会放开手，然后重新再尝试一次，直到成功为止——或者说达到我们的目标为止。为什么我们要做这么多的尝试？因为在我们的内心里潜藏着好奇和天真。天真在某种意义上指的是一种不受拘束的心态，我们还不知道任何的界限或是诸如“这个没有人会去做的”这些一点一点阻碍我们尝试的一些话。在开放而不受约束的条件下，我们形成了对人、对物以及对生活的认知。界限这种东西并不存在。我们凭借直觉来做决定，我们在当下作出“冲动”的决定。这样做的成果立竿见影，而我们便享受这些成果。

可惜的是，我们在渐渐失去这种活泼自在的童真。这就和“写作德语”的形成类似。在我们都被规则和理论填满之后，又必须重新学习获得童真的方法。我们为什么一定要绕这道弯路呢？只要我们能存有一丝童真，一切就都会好很多了，不是么？

在大多数情况下，那些在“高处”的成功人士都是那些会守护好自己的童真（感知力）或者是能重新回想起它的人。无论是摇滚明星、厨师、政治家或者是大老板，这都是适用的。这是我的经验之谈。他们都意志坚定地在走他们自己的路，充满激情和自信，同时也激励着许许多多来自中层社会的人们。在他们那里，“简单”和“清晰”脱离了“平庸”的枷锁。理论家们也想往高处走，只是他们被他们的世界牢牢捆住了。

让我们回想起那句格言：尝试高于理论

有段时间我也曾一度以为，为了取得成功，我就必须换上西装。毕竟所有那些我认为的成功人士都是西装革履。的确，只有穿着西装的人，才能够有所作为——至少我们是被这么教导的。我曾经是一个平凡并且安于现状的人，但是我这样问自己："我们难道真的需要这些花拳绣腿吗？"一个人抱有这样的错觉到底会持续多长时间？——或者说，要多快才能让一个人从这样的错觉中走出来？一些人在其中待了甚至有五十年之久，然而他们也不过是生活在自己臆想中的世界罢了。对于人类适用的这些规律，也同样适用于品牌营销。毕竟到处都是那些随大流搞品牌的人。到底他们的品牌在哪里？其实不过都淹没在大流中了，由那些三十年来都西装革履的人们来打造。

您是否问过自己，为什么我们常常被孩子的眼睛所吸引？它们在发光，所以对这个孩童所经历的事显现出惊讶之情。一个孩子会以天真的目光来接触事物，不懂理论也去尝试，还会对自己的所作所为感到惊喜，为自己行为所达到的效果而惊奇。正是这点，需要一个品牌自始至终地贯彻：要带给人们惊喜。所以才有了我的"拉链哲学"中的"游击"思路部分。我有意识地强调"哲学"，因为"游击"多数情况下与个体的行动有关。有一句谚语这样说：我们今天做一点"游击销售"，明天再做一点社会媒体的工作。这样可不行。这是一种"收发件心态"。比如我下了一单19.95欧元的交易（包括增值税和邮费），然后通过邮递员我就可以收到惊喜了。

"游击"战略的含义是，持续而普遍地带来惊喜，出乎人们的意料，不管是好的还是坏的。这是第一层含义。另一层含义是：别出心裁——用专业的话来说就是要让自己与众不同。切格瓦拉（Che Guevara）曾经可不只是一个"游击队员"，他的整个人生都活得与众不同，这让他最终成为了革命的象征。他变成了一个品牌，尽管他与菲德尔·卡斯特罗（Fidel Castro）一道进行着一遍遍

一个品牌应该让我们“像孩子一样地”感受惊喜

地斗争。而革命总是难免伴随着毁灭和秩序的破坏。我当然不是在要求您发动一场暴乱，我只是希望，您能够听从内心的指引。我保证，在实现这些的时候您一定会做出一些越界的事。

在什么条件下人们才会被我的产品或是公司震撼到？只有一点点的别出心裁，还远远不够。您必须要让您的产品、您的品牌在内容上就显得与众不同，不然就只能是泛泛之流。我的特点在哪里？人们对此会有什么反应？这些正是我们的主要任务。这些尖锐的矛盾必须要得到相应的解决。

这些任务可不是人们能够在刷牙和看晨报期间完成的，也不是能够丢给秘书或者第一天来上班的实习生来做的。这是您分内的事，是老板的任务。您必须带着您自己、您的公司、您的产品以及您的品牌走进拳击台。此时，您若是已经决定要登上拳击台，那么您可以先打打空想拳。不过，您要么还没认识到您的弱点，要么就把弱点出于利益而陈列出来。这是人之常情，每个人都多多

必须避免自我欺骗

少少会这样做。然而自欺欺人也是一种欺骗行为。如果您都无法对自己坦诚，那您又该如何对您的职工、客户以及您的品牌坦诚呢？而当我们已经足够坦诚，我们当中的每一个人就会出于个人利益倾向于选择一条更长的让企业走向盲目性的路。这就是停滞不前的开端——“我们一直都是这么做的”。最后“游击”战略破产，奋斗的火焰熄灭。

确实，一个拳击手会以练习空想拳的方式来为接下来的比赛做准备。不过

主要的工作还是由教练和拳击搭档来负责完成的。只有通过搏斗，我们的强项和弱点才会清楚地展现出来。弱点并不等同于弱小。若我清楚地知道自己的某一个弱点，我便可以想办法将其转化成我的强项，或者拿一个我的强项来弥补它。不过这些只是这个工作的一部分。另一部分则与构想和目标有关，毕竟我得知道我想走的路是什么。这就是搏斗，它让拳击手为了胜利的目标而血脉偾张。

有一个好的方法能够从品牌理解的角度查出一家公司的人员活力度，那就是采访。我们已经在与德科普团队相关的部分中提到过，这个采访的主旨就是去了解工作人员、顾客以及供应商到底是如何看待我的。一个普通的市场研究只能给出一个模糊的结果。通常被调查者只能把他们的想法换成1–5这几个等级来阐述。另外很多人不敢把他们的评价告诉当事人。一个像拳击搭档一样处于优先地位的外来者可以通过观察目标的需求量来得出自己想法的合理性。对于被调查者来说，这个方法的优点在于，他们与某人交谈的时候无需顾忌什么。对于领导层来说它的好处在于，他们会收到已经过滤后的信息，而这些信息同样可以反映下层的呼声。这种方法就我的经验而言确实是一种不错的选择。

“拳击”实际上可以理解成一种训练，对康采恩适用，对手工业同样适用，而且并无区别。只有我精力充沛的时候，才能上场比赛。“精力充沛”在今天也意味着“迅速”，而“迅速”——更准确地说是“随机应变”——也是“游击”理论的一部分。随机应变的能力让一个游击队员的行动更加变幻莫测，从而不易受到伤害。一支固执的军队纵然有再大的火力，也可能输在对手的敏捷和奇袭之下。

拉链原则准确地将一切联系在一起。一个拳击伙伴想要询问清楚状况。他引导与支持企业走向自己的道路。从这时开始，发展一个策略是可能的。经验、理解力、惊讶的效果、界限和跨越界限的勇气，通通涌入思考之中。我的大脑如何承载这一切？每个致力于品牌发展的人都可能遇到这种问题。答案可以是对细节的喜好，就像是在生活用品广告中展示的那样，来展现品牌注重细节的个性。也可以是一次很特别的体验，使顾客与品牌直接接触。是否还记得西班牙航空公司的案例？

迅速和机动性是游击的特点

当人们和自己的拳击伙伴站上拳击台的时候，必须意识到，自己也有可能会受到“令人振奋的一击”。协定上写着：“嘿，你看！我们现在在这里做什么。你可以确定，这就是胡闹，因为所有人都这样做，然后我们一脚踢在对手屁股上使自己的精力保持充沛！”这并不意味着，产品或品牌是不好的！胡闹只是指当所有的人都在做些什么并且乱成一锅粥的情况。没有人会想要每天都喝汤，而是有的时候想要辣的咖喱香肠。

任务是“令人振奋的一击”

我相信，只有很少人能够做到去激励他人、接送并陪伴大家——将自己的能力展示出来。这是最大难题的一部分。当我作为品牌的主管人员时对此深信不疑并且想要继续这样生活下去。不久前，我的同事也是这样做的！他们必须参与到这个过程中。通常对大部分人来说重要的是赚钱和保障他们的生计与家庭。这对品牌来说是无所谓的。

现在我作为企业的主管人员下决心让我的品牌变得“有活力”。对此我请教了一家服务公司。如今我的员工是什么？他们终究是我的品牌的一个主要的组成部分。他们要将自己的能力展示出来。所以员工是团队的一员，更精确地说是研讨会的一员。在一家大企业当然不可能每一位员工都参加研讨会。除了领导外不同部门都应该有一两位员工，他们应当与顾客很亲密，是真正与顾客有往来的。

我的手下一开始并没有在我的品牌里，他们在途中不知道什么地方丢失了顾客。企业其他所有人和店主、主管或首席执行官一样都知道，品牌的诱因和它的贸易是什么。我为什么要这么做？假如我知道了，我就会懂得什么能够激发顾客的积极性来购买我的产品。是什么促使顾客决定来我这里？为什么他购买了我的产品而不是竞争者的？我不能理解这种诱因，也不懂得顾客对我的销路产生的负面作用。

外部的推进和之后单独的发展

我应该反复地问自己：我从何开始，为何目的，是什么激发着我的积极性，我的目标是什么？对此我又回到主线来。为了使主题不偏离轨道，我作为主管或负责人必须把自己三分之一的时间计划给品牌或是说品牌管理。假如我对此没有能力或者说不感兴趣，那么我就需要一位我所信赖的人来负责这一基础的主题。

这个人也可以是一位拳击伙伴，但是他不能太紧密地被约束在公司的框架里，否则他就会失去这种“居高临下”的眼力。此外，一个拳击伙伴可以无拘束地向公司老板提意见，比如这样说：“来，我们这样做吧！”我的意思就是以这种方式来实施。在日常交易中这种实施过程经常失败。在这一点上一个外部人员如拳击伙伴，通过一个旁观者的角度，会更加轻松自如。因此，在品牌发展进程中加入外部人员的引导是非常有意义的。然而，我们需要把握好一个度。外部的推动是必需的，但是运转需要企业自己独立来完成。

对拳击训练伙伴来说重要的是对品牌有感觉。并不是每个拳击训练者都适合成为拳击手。一位重量级运动员不能与最轻量级的运动员一起训练，但也并不是每一位重量级的拳击运动员都是适合彼此相互一起训练。起决定作用的是感觉——化学反应必须相匹配。人们应当试图了解所面对的顾客，而不是一味地针对销售。

外部人员不需要知道技术类的产品细节

外部人员不需要了解，汽车的空气弹簧在技术意义上是如何制造的。其实这对他来说是完全无所谓的。但对此有感觉是重要的：空气弹簧是如何生产的和从哪里生产的？背景是什么？即，外部人员不需要了解各企业的生意。但在最后，外部人员基本上都被要求必须了解和领会他的顾客——他们为什么这样想？他们是怎么想的？换句话说，想让外部人员去理解顾客，这样做生意会带来失败。因为这毫无帮助。可以对比一下医生遇到的情形。他可以很好地解释人们身上的每根骨头在什么位置；可以完成可怕的手术，或给病人相应的治疗。往往是，手术虽成功，病人却死亡了。怎么会这样？病人还有灵魂吗？每个人都理解这样的情形。

在接下来几年时间里，许多宣传失去了品牌推进的过程，取而代之的是完善的媒体和成熟的多渠道市场。然而品牌需要一个内容上的深度、经验和体验。如果我没有这些，那么我就可以将我的宣传手段做得很好，做出我想要的。这并没有起到作用，因为根本不存在重大关系。

为了说清楚，我举两个市场负责人为例：一位受过大学理论教育的人和一位有经验的实践者。每个人拿到少许的纸张。两位都需作画。那位没有受过教育的市场负责人，我故意挑衅地说："开始吧，在纸上任一地方画图。"随后他在脑海里对图画有了一个想法。因此这位实践者从他的"兴趣"那里开始来完成作画。最终画作如何展示，他还不是百分百的明白。创作过程中一时的启发使他将画作画得更精美。这个过程关键的是：人们知道自己想做什么。在某个时刻他完成了作画。

当所有人都学习和遵循同样的模式，将会产生什么新的东西？

那位受过大学教育的人从左上角开始。人们如何阅读一本书。在某个时刻他画到了右下角。于是他完成了画作。观察图画时他确定了在图的右上角边缘应该再补上点东西。但他不能再多添加东西了，因为这将搞乱图画的设计。平日里这看起来往往没有什么不同。商讨计划，起草战略，采取措施。这是被捆绑的一揽子事情，还需要变为现实，并付诸实施。突然有人觉得，在交流中拿着传单会是有意义的。这种想法出现在实际销售中。实际上传单将成为问题。这不是预先规定好的，也不包括在一揽子事里。发生了什么?

那位受过大学教育的人原本和实践者的想法是一样的。前者也跟随着他的想法。当然他是按照严格的模式采取行动的。因为他是这样学习的所以也总是这样完成。

这些就这样出现在书里或是作为包裹着的被遗弃的东西，就像这里的例子一样。我们如何才能区分这些根据固定的和标准的模型画出来的图片？怎样能使图片与众不同，如果总是在同样的模式下？在严格规定的程序中几乎没有位置留给冲动的反应。创造力看起来也是不同的。所描述的行为与复印机生产的复制品相符合。这也是乱成一团浆糊的更大的原因。在不同的位置上的许多人最终也有一样的教育。负责人用同样的技术开始所有的并且以同样的模式来完成。他们是这样学习的特别是大学的学习。没有人从马戏团逃出去并且说道："不，我从右上方开始！"或者是直接从右下方开始，因为他认为那里是极好的。这也正是时间和管理上的负责。这是没有推动者的，所以这也是市场负责人而不是市场推动者。

好奇心，
实验的乐趣，
新的惊叹

当然在品牌责任上也有一些例外。这需要合理的解释。他们引人注目因为他们是与众不同的。他们还有这种活跃的天真的去尝试的态度，也有兴趣去发现新的东西。尽管有理论的培训，他们的好奇心也还是依然存在。他们有性格和精神，他们是勇敢的！他们不是毫无争议地站在企业的顶端就是有来自企业的决定性的支持。回想一下魏德金先生的例子（参见章节：《成为品牌》）。他们也打破他们自己的品牌，使之更加的活跃，完成近距离性和相关性。这位市场推动者有勇气去实现。他们越过界限关心品牌经历。这些推动者有意识并且通过这个产生意识。

意识，我希望我对此可以有热情。我很清楚我没办法通过我的书来改变这个世界。但我还是很高兴可给你们这些关于思考品牌、同事、企业、动力和顾客的建议。也许您会思考您的童年时期，在当时还没有受到约束的时候，这个世界是一个巨大的探险游戏，对所有新奇的事物都有好奇心和乐趣去尝试，还有强烈的惊讶。他们一直都在那里！任何地方的深处。如果您知道的不是很清楚，没有受到约束的好奇心是什么样的，就直接去到儿童游乐场。看一看，孩子们是怎么用沙子和铲子玩的，还有是如何在脑子里产生想法——内容。您将被感染并且开始打破这一团乱的情况。这将是偏见和协定的破除。品牌需要有意识地打破规则。

我相信，直觉对自己和对个人的产品来说都很重要，人们每天都与之打交道，也使品牌的道路更加的平整。所有的都会展示出：想法、视角，但是也有

变化从头部开始

限制。我们或多或少地会遇到一些限制，同样的法律限制最终也是我们会遇到的。对此我们互相谅解，就这样生活下去。通常我们会在混乱中结束。我们不再喜欢法则或者我们可以确定，我们不想再继续这样生活下去，而是想要改变，改革被正式地描述。

在我们的脑海和思维中，可以看到不一样的东西。在这里我们可以打破规则和跨越界限。这本书也想着手参与。这也是一个号召，让交易更加的清楚。这个单独的意识形成打开了我新的眼界并且越过了思维的界限，有了更多的可能性。这不是一个秘密，每个人都明白。

把幻想介绍给别人并且使他明白是一件很困难的事情。您可以寻找一个伙伴，对您的思想表达感觉，能够与“在圈内”相关，并且使品牌敏感。在与行动、海报、视频和广告有关之前，基础必须有计划的和有战略性的相符合。这同样可以在同伴的陪伴下完成。好处是，这是商标管理全部过程的一个监管。当然紧接着的工作也可以通过“最受欢迎的代理”完成。在困境中人们也可以自己完成。

无畏的斗争
没有意义。

但当斗争停止，
胜利便随之而来。

> “表格工具是梗概的展现；
> 它们就像蒸馏而出的精华，
> 包含了WOW项目中所有重要的部分。”
>
> 汤姆·彼得斯（Tom Peters）

读到了这里，相信您一定会对品牌这一主题有所思考。对我来说最重要的，是能够帮助大家，使你们明白：在品牌这一主题中远远不是只有销售计划；要想打破交流的规则，人们必须首先去理解这些规则；游击营销绝非仅仅是单独行动这么简单。然而，我在这本书中所能向您提供的仅仅只有做出改变的动力，恐怕无法在此给您出主意，抑或是举行一场专题研讨会，虽然这才是一种简单高效的方式。所以在这一章节中，我将继续为您提供一些实用的帮助，以便您能够更加深入地研究和思考品牌这一主题。

工具

请您准备好纸和笔，以便能对接下来的这些表格和示意图做好笔记。虽然我自己并不十分喜欢这些僵硬的、理论化的图像，但是在它们的帮助下，您的确能够对您自身、品牌以及动力进行刨根问底地追问。在我看来，这是十分重要的。您不仅应该阅读这本书，还应该把它当成能“在您背后推一把”，帮助您致力于您的品牌的帮手。阅读固然十分重要，但我还希望本书能够启发您的思维过程。现在，就让我们迈出付诸实践的第一步吧！

理解您是谁、您的动力是什么，是十分重要的。而同样重要的，是把在交流中的陈规俗套以及普遍的规律辨认出来。只有这样，您才能打破常规。就像在之前的章节中，我的采访对象们在他们的声明中强调的那样：打破人们已知的常规通常是非常有意义的。而且显然，清理布满灰尘的惯例会带来许多乐趣。只有懂得这一点了，才能将其作为对自己的优势。创造新的意识，打破陈规。由此您将会迈出单一的泥潭，变得截然不同。

那么，让我着手开始吧！您肯定已经在其他书上、杂志中或者专题研讨会中学到或者使用过不同的工具。对很多人来说这些工具还是新鲜的。对于这些工具，请您回忆一下我们在上一章所讲述的“拉锁哲学”，并以之来应对。

来自美国的策划者、营销员和演说家汤姆·彼得斯（Tom Peters）曾经批判过这种管理学理论，声称它过于理性。但他也不得不承认：“表格工具是梗概的展现；它们就像蒸馏而出的精华，包含了WOW项目中所有重要的部分。”

为了能够回答有关项目、任务、服务业、新型定位或者品牌的基础性问题，可以使用两个简单的方法，“陈述方法”以及“疑问方法”。请您拿起笔并在表格内填写您的答案吧！

“陈述方法”用于您对未来品牌发展目标的展望。

主张	
理由	
证明/举例	
感想	
思想方法（含义）/原则/关键	
作用	
结论	

与“陈述方法”相比更加有意识、更积极主动的当然就是“疑问方法”。此外这一“疑问方法”在团队合作的工作中是颇具意义的。这种形式有效地避免枯燥乏味，并且能够对团队协作产生积极的推动作用。

对此您怎么看?	
您是怎样看待我们的计划的呢?	
您为什么会这么想呢?	
您这么说是出于什么理由呢? 为什么?	

这在实践中会有怎样的表现呢?	
您想要怎么去做呢?	
整体上应该如何具体运作呢?	
对此您有什么感想?	
这与什么原则有关?	
它的关键在什么地方?	
它的作用是什么?对谁而言?	
最后得出的具体步骤是怎样的呢?	

您是否认为一切都是老生常谈？但我们应当扪心自问，如果这个方法真的早已人尽皆知，还会存在那么多令人讨厌的事情吗？对日常生活的行为刨根问底实际上是很有意义的。然而，不仅是在中小企业中，相比起致力于研究营销问题或者品牌管理，有责权的人们更加倾向于以具体的生产、调控或营销为导向。但其实，在品牌中永远有更深层的东西等待我们去挖掘，而且究其根本，具体生产、调控或是营销都是和品牌紧紧捆绑在一起的。

终究而言，“陈述方法”和“疑问方法”共同搭建了一种分析的入口。它们中的一些要点会与营销计划有所交叉。这并不奇怪，因为一切事物都是有所联系，互相交错的。只关注一个事物而忽视其他事物是完全不可能的。尽管如此，我们需要清楚，以销售计划作为销售思路确实更加复杂，并且也只是品牌管理的一部分。人们常常将销售计划与品牌管理画上等号。这简直是胡说。销售计划仅仅只是品牌管理的一部分。

在进行上述步骤并回答上表中的问题的同时，您的脑海里应该时刻想着一个问题：我的一切行为的动机是什么？您的意识必须保持清醒。您会发现，越是聚精会神、越是真诚地去寻找答案，其难度就会越发地提高；您会明白，许多问题是您从来没有考虑到的：我们总是习惯地将太多的东西视为理所当然。

每一个计划的关键实质是分析的一种形式。通常来说，计划的分析需要与市场研究相互联系在一起。市场研究所关注的当然就是市场，换言之，是外部的东西。尽管无法提供有关自身的消息情况，它还是能为自我观察提供动力。但是，对于这种动力是否会被接受，并且得以应用，我始终持有怀疑的态度。很多时候，市场研究实际上是一个对自身问题视而不见的借口。因此，我希望您能留意优劣态势（SWOT）分析，对计划的强项（Strengths）、弱项（Weaknesses）、机遇（Opportunities）、挑战（Threats）进行考察。这在营销计划中，您要做到的不仅仅是能够关注，而是必须致力于这些关键点。它们能够使您认清一项计划的得失利弊。人们总是倾向于看到自身的优点而忽视缺点。因此，能客观地道出您的优点与不足的旁观者，就显得十分重要。他可以是您的同事、业务上的合作伙伴，甚至是其他服务商。

强项和弱项各有机遇和挑战，您可以在下表中对您的强项和弱项及其机遇和挑战进行分析。

	机遇 Opportunities	挑战 Threats
强项 Strengths		
弱项 Weaknesses		

当您把强项与弱项、机遇与挑战的问题研究调查了之后，您的定位也就一点点地呈现出来了。同时，它们二者的差别也会逐渐明了。为什么在分析中，我们不需要进行更准确地描述呢？因为这分析只是一种估计，并不是核心内容本身。核心内容是需要通过长期的品牌实践才能总结出来的。这就像钻石也只有当被加工后才会变成高纯度的宝石一样。当然，单单有运动天赋是不够的，只有通过全面的训练才能渐渐变成最佳运动员。大部分顶尖运动员都有一个总是反复分析并且使训练臻于完美的教练。放到品牌上也是一样的。

接下来，我将向您展示品牌管理的简单流程图。当然，理论是死的，而品牌管理是一个流动的过程。这与如同河水虽然沿着河床流动，但是每天都会有变化一样。而当您将河水拍成照片，那么形成的图像便是静止不变的。尽管如此，通过对静止图像的观察，您还是能明白，河水是流动不止的。我正是希望您能带着这样的想法去理解这张图。

下面是一个典型的品牌发展流程。

1.指导和建议
初步讨论
主题演讲 比如：关于这本书《为什么要品牌》的演讲
提出品牌发展的建议并且一同对其表决
广泛听取建议

2.分析
企业中的启动研讨会（自我描绘/过程描述） →关于企业起源、特征、目标的问题 →针对竞争的问题 →针对目标群，即对象的问题 →对客户、非客户、感兴趣者进行一轮采访
对品牌竞争对手的分析
采访记录

3.品牌策略
研讨会的准备： 关于品牌性质（或者品牌基因）和定位
品牌策略研讨会 →典型特征的定义 →现象和任务的表达 →确定关键价值 →确定长期并且与时势相关的主题 →目标、指导原则、基本准则 →品牌特性的定位 →如果有意义的话：商讨品牌结构
研讨会的记录
起草战略方案并决策

4.品牌元素
提出对品牌设计和执行的建议，并对其表决
广泛听取建议
为寻求风格做准备的研讨会
创意阶段 →商讨和确定图像、颜色、字体 →主张与内容草案 →确定风格
富有创意的指导思想、标志和交流草案的制定
第一次成果展示；成果的后续发展
品牌的设计以及交流草案的起草和决策

5.品牌执行
广告图的起草
重要媒体的运用 →公函 →网页 →书刊 →标牌 →其它
制定品牌手册或者设计指南

6.品牌管理
“新”品牌的管理，战略性，计划性
确定品牌交流的资金预算
制定媒体规划以及计划媒体和活动
全体措施的实施

您很快就会明白，策略思考是遵循分析步骤的，它们直接与定位紧密相连。“策略”这个概念之所以如此地抽象和理论化，是因为它很大程度上针对着我们的主观感受。策略会引发一种目的明确的单一情感：引发消费动力。如果人们将其抽象地放在眼前，那么策略就如以下所示。

（广告）策略

信息	
	处理方式优化
有助于理解力的东西	
有助于备忘的东西	
识别标志	情感号召
可信性标志	经验性的技巧
处理方式优化	
注意力强化	
	情感

正如我之前提到的，从品牌管理的总策划中得出一个营销计划。接下来您将清楚地明白，市场紧密地与品牌管理联系在一起。尽管我在上文中已经多次重复，但我还是想再为销售计划举一个简单的例子来证实其联系性和相关性。您需重新认识您的品牌。否则您将无法自我定位，也无法完全打破常规。

步骤	责任	状况 （由……实现，在……时实现）
目标的定义		
针对导向的主题和内容的总结		
基于现状的性能指标分析		
基于计划的性能指标分析		
策略以及经销组合		
时间计划		
预算计划		
修改与检查		
记录和附录		

与思考如何研究品牌的情况（始终考虑我是谁，我的动机是什么的问题）相似，您应该与您的目标群相互讨论和交换意见。二十年前对目标群的研究还是一种固定的模式，然后慢慢地发生了变化。因为人们的思维是发展着的，不被束缚的。每一个人都是独立的，都有自己的愿望、想法和目标。此外，我们还需要考虑到现行技术和未来技术的可能性，正是这种可能性使其他思想成为可能。从外表上看完全不同的两个人，可以成为一个相同的目标群。一个60岁的意大利人和一个16岁的芬兰人在一起对养蜜蜂这件事相互讨论。只要您是蜂蜜离心分离器的生产商，那么这就是您的目标群。虽然这两个人很可能除了对养蜂感兴趣外，没有任何其他的共同点。就这点而言，这张表格就是您思考您的目标群的催化剂。

我的目标群居住在何处?	
我的目标群在业余时间做什么?	
我的目标群有什么爱好?	
我的目标群有家庭吗?	
儿童也属于我的目标群吗?	
我的目标群是做什么工作的?	
他们属于什么行业?	
我的目标群受的是什么教育?	
我的目标群会继续深造吗?	
我的目标群收入状况如何?	
我的目标群的社会观点是什么样的?	
我的目标群居住在城市的哪个部分?	
我的目标群参加了社团吗?	
他们有什么样的政治观念?	
文化方面又是如何的呢?	
我的目标群会参加大型活动吗?	
这都是些什么样子的活动?	
我的目标群喜欢听音乐吗?	
我的目标群会运动锻炼吗?	
我的目标群身体健康状况如何?	
他们会去哪里就医?	
我的目标群喜欢吃什么?	
我的目标群的媒体状况如何?	
我的目标群在因特网的状况如何?	
我的目标群是社区的一部分吗?	

可以向目标群提的问题远远不止这些。所有的答案继而构成一幅描绘群体的总体特征的图画。这项工作最好能在一个研讨会中进行。此前我们引用的所有插图和表格都必须以顾客的视角来描述。顾客总是会问“为什么”。为什么他们应该购买我们的品牌呢？在《从思维到实践》章节中，我用太阳能发电装置的例子解释过这个问题，用示意图来表达的话就是这样的：

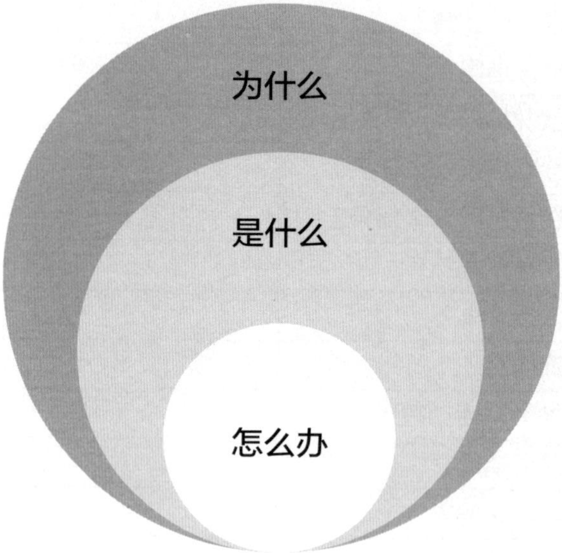

“是什么”与产品和服务有关，在这个情况下是与太阳能装置有关。“怎么办”描绘的是可操作性：作为消费者我应该做什么，比如说把太阳能装置安装在屋顶上？紧接着就是最重要的问题“为什么”。为什么我应该这么做？这里应该阐述出理由，以及对顾客而言有利的条件。在太阳能装置的例子中，太阳能装置能给顾客提供的就是自由，是不依赖于电力公司的垄断的独立性，而这正是顾客所想要的。

在这本书中，我一直有意识地支持打破惯例。而这并不是通过单个的行动所能达成的。游击战术是一种随时随地保持兴奋的态度。因此想要在表格中描绘游击思想是十分困难的。如果您致力于打破规则，那么表格只能为您提供建议。它们一定程度上有助于自主思考。请您想想拉链哲学：差别存在于拉链的一端，而游击思想则是另一端点。而这两端将通过拉链的闭合联系在一起。

您的目标是要成为一名“游击队员”，而不是“总参谋部的军官”。
您需要寻找除了您的团队之外的同盟者：目标群内部人员或者对您的目标群十分熟悉的人都十分有帮助。
为您的团队提供充足的信息。营造一个良好的、轻松的氛围，比如通过与主题相符合的音乐和视频短片。在良好的合作氛围中，完全可以一边吃吃喝喝，一边进行头脑风暴。
每个人都应该能够畅所欲言。您应该避免过早地对想法和倡议下结论。就如同吃饭一样，即使最好的小吃也无法挽救合作氛围很差的情境。
当一个公开谈论的话题蔓延开来，一个主意通过若干“游击队员”继续，请您让它继续下去。关键词：集思广益。
因为很少只停留在一个主意上，所以您应当做笔记，比如运用活动挂图，之后再全部拍下来（通过电子邮件或者是云端传播更为简便）或者通过摄像机录像下来。
如果您确定，您的活动需要专业的支持，您可以向富有经验的代理机构寻求帮助。这个代理应该富有经验。为此您需要了解代理机构的经历，代理在这一领域用了哪一种宣传活动，您可以让它们给您一一举例。如果有可能的话，请您同参与过宣传活动的同事进行沟通。
请您询问具体价格和额外费用！这同样也可以在头脑风暴中进行准备。

这些公开讨论的话题最好是由某人来主持。另外请您请来一位旁观者。请您经历一下这个过程。请您在计划过程中，注意一下所有必须了解的或者需要批准的地方。如果您在计划中连最重要的点都忘记了，那就算是最美好的主意对您来说有什么用呢？细节决定成败。您还记得那个在法兰克福火车站躺在透析床上的年轻男人吗（参照章节：《“令人惊讶”原则》）？这是一个很棒的主意。倘若他没有获得德国铁路公司的批准，那么他这一做法将毫无作用。不仅如此，他或许还会上头条——但那恐怕会是被联邦警察驱赶的新闻。那么考虑一下您的活动吧。把您的步骤做得清晰并且计划得详细些。

一切都从一个地点开始：一个位置、一本杂志或者是一个广播电台。问题是：哪里？以及这个地点有什么特征？
权利是一个挺重要的却常常被遗忘的主题。您因此问自己：我的行为在我自己的活动地点需要批准吗？
活动地点预先规定了职员和助手的人数。在一个日报上的活动通常我可以自己一个人安排。然而当我计划一个活动的时候，我必须仔细地思考，谁来做什么以及应该占多少个阶段。很多时候还需要人员的精简。
活动的时间确定是一个很重要的问题。
供应商的问题同样需要解决。在此供应商也可以是为您的活动提供部分资助的第三供应者。联系方式和书面协议总是最重要的，比方说供应日期和供应范围。
通常供应的材料也是一个争议点。请您提前查明活动地点：这个地方到底有多大，有调整重新摆放的可能吗，储存容量有多大，我乘坐运输工具到哪儿，我可以挂起一个广告牌，我需要一个水管道，等等。

如果您的活动的可视性受到限制，那么后勤供应机构也无能为力。请您在地点选择的安排时把这弄清楚。如果您想记录您的活动或者说拍摄活动是您计划中的一部分，那么请您确定，您由于需求要有接电路、相机位置，要摆设正确或者广告牌要挂置得显眼。
在公共场合的活动（比如快闪族），请您把新闻界计划在内。请您列一张相关媒体连同对话联系人的清单，并向记者提供充足的信息。请您考虑在反问环节也把您的联系信息传达出去。
有一句话听起来十分乏味：在户外的宣传活动中，天气通常是很重要的。因此请您时常提前观看天气预报。它不一定总是准，但是可以提供一些参考点。
请您随时准备紧急预案。有时候向消防处和警察局询问了解信息或者提前记住一些相应的电话号码是十分有意义的。对于一些活动，建议咨询保险公司。它们在活动领域有实际知识技能，并可以在计划中提供帮助。
请您在每一个步骤中记下可能产生的费用。假如费用没有预见地突然增加，那么您的心情就会变得糟糕。

我必须承认，理论是冗长的。重要的是：肤浅表面的计划毫无用处。如果您在准备阶段不提前有意识地思考您要做的事情，那么您的计划早晚将无果而终。这我可以向您保证。这既浪费时间又浪费金钱，还令人产生失意。品牌应该带来乐趣——有意识地打破规则也会带来乐趣。通常情况下，一个能以80%的程度解决问题的办法会比能100%解决问题的办法更好，因为完美的解决方案往往是难以实现的。

您想要在最后玩一个小游戏吗？

那就来做一个自我测试吧！

您是否有用您工作时间的30%（至少）来思考品牌这个主题？
在您的日程安排中是否有长时间的讨论？
您喜欢引人注目吗？
您喜欢领先一步思考吗？
您喜欢德国联邦议院的电视转播吗？
您是否有兴趣测试一下自己的极限？
我的品牌必须可以被感受到——我将会在此做工作。

评价：

0到2分

您真的是对咨询有抵抗力的或者是对品牌一无所知的人。如果是这两种情况的话您真是无可救药了。您需要尽快寻求帮助！

3到8分

很棒！您对品牌有所觉悟。请您再浏览一遍本书。对于预算的指示通常是在路上只剩最后一步的借口。请您行动吧。

	是的 2分	我不清楚 1分	不是，我也无所谓 0分
	是的 0分	我不清楚 1分	不，我会实际行动 2分
	是的 2分	嗯，有时这样，有时那样吧 1分	不，更宁愿不引人注目 0分
	是的 2分	看当天的心情 1分	不，看当下 0分
	是的，人们可以学到许多 0分	还行 1分	不，我喜欢体育比赛的直播 2分
	很乐意！ 1分	重要的是什么时候、在哪里 2分	什么乱七八糟？不了，谢谢！ 0分
	我要思考一下 1分	肯定的 2分	不，我已经很厉害了。 0分

总分

9到14分

真心祝贺！品牌这一主题看样子已经转向您的内心生活了！尽管如此，您是否还有兴趣参加一个小模拟训练呢？可以看一看，到底有多少品牌在您的内心呢！

"不要害怕，直接去做，
不会受伤。"

多米尼克·穆尔特如（Dominic Multerer）

对这本书的反馈

→

给予建议和帮助

→

对这本书的报告

→

报告

→

简洁明了的建议

→

我可以为您做的事

来自作者的请求

或许我推动了一些人思维的变化，这就足够了。我特别感兴趣的是：我在哪些地方激励了您？我对您的帮助如何？倘若我的这本书促进了您的公司的发展，那就让我们共同喝彩吧！

我真心地为你们每一条反馈感到开心。请您联系我吧。

info@dominic

对这本书的反馈

您想知道吗？您想对您的品牌做出改变吗？或是在品牌工作上多下功夫？那么就联系我吧！我们通力合作，携手并进！我可以给予您我力所能及的帮助。

每一个公司和每一个行业的具体情况都或多或少有所不同。我们来对此具体问题具体分析。

multerer.de

给予建议和帮助

此书对您有所触动？您想当面感受到作者的风采吗？您想让其对您的公司及员工有所鼓舞吗？没问题！

多米尼克·穆尔特如特别地为此书准备了一份报告。五星级演说家多米尼克·穆尔特如将为您展示如何培养自己的品牌意识，并有意识地打破常规，以成功地销售自己的产品。

详细的问题请联系：

vortrag@dominic-multerer.de

对这本书的报告

您在寻找一个演说家，他充满活力，并且马上可以将知识转变成成功的思想和行动。他的文字简洁明了，您想要信息、经历和环境融为一体吗？那么穆尔特如就是最佳人选。

穆尔特如的报告融合了专业知识和青年的朝气，他坚定且信心十足地将要点一一阐明。他给予观众言简意赅的案例和建议以及货真价实的技巧。他激情饱满，令人信服，就连胆小鬼都被其所吸引。其观众为他所鼓舞，获益良多，他们重建品牌思维，努力投身于品牌工作。穆尔特如说到做到。

由于他优秀的成就，作为报告演说家的他在2012年得到了“最佳新演说家”奖。

报告

如果您愿意的话，请邀请我到您的企业。不论跟您单独聊天或是跟一群企业家和同事围成一圈会谈都无所谓：我会用最简单易懂的语言跟所有人交流。

花费一天的时间，准备一场简短的商谈，我将直接告诉您品牌发展的优点与不足。

这种简洁明了的文字语言带来新的动力，摒弃传统的思想方法。您作为营销领导者是否为说服领导机构而感到困难？那么您就打开他们的视野。有时领导者需要做的就是这样，主动地激发其员工。那么您就会让他们为此振奋。

倘若感兴趣的话，则通过邮箱联系我吧：

klartext@dominic-multerer.de

在拜访我时，我将对您进行额外的指导，以让想法转化为高效的行动——我的承诺。

简洁明了的建议

提高灵敏度

找出您的动力，推动您去改变想法或是重新考虑，帮助您建立自己的决心。在这些方面，我将通过报告和审查为您提供帮助。

策略

行为主义帮不了任何人，品牌必须成长。当您想要给您的品牌继续增添价值、品德力量以及重大的责任感，并且想让其令人感受到，我会站在您这一边支持你。毕竟，单一的标准是乏味的。

构想

广告的做法有上千种，但是广告在哪里才能凸显其意义呢？要怎么找到并且让广告覆盖到您的目标人群呢？我会帮您选出合适的媒介并且帮助您发展您的构想。

实践

设计、编程？这些我都不会，但我的人脉网络一定可以帮到您：这些代理机构和无数的自由爱好者、专家们对此应该说是相当拿手的。

我可以为您做的事

"真挚的感恩是无法用语言表达的。"

约翰·沃尔夫冈·冯·歌德

感谢

我们成功了。这本书完成了。

为什么是“我们”？因为在这本书背后有许多人，没有他们，这部作品就不可能完成。

谢谢所有为这本书做贡献的人，不论是通过序言、公告或者采访。在你们的帮助下这本出色的书变得更加生动、有趣。谢谢！特别感谢托马斯·科赫，谢谢他持久的帮助。

还有许多“幕后”的权威人参与编此书：从乌塔（Uta）和扬（Jan）开始，他们的确帮了我许多。这两个人都是我随叫随到的朋友，无论是早上、中午、晚上还是深夜。这大半年来他们全身心地投入此书，对此我无比感激。在书中有些内容小有成就时，他们与我一同喝彩；而在挫折和失败中，他们也与我相濡以沫。

有一个人，是我写这本书时负责任的人之一，他就是海因里希·库伊茨得（Heinrich Kürzeder）。在我十八岁时进入五星级团队时，他使我把出版书本当作心里的梦想。当时我根本不明白，我到底想要传达什么样的内容。他通过不断激励，让我学会思考，也就写成现在的样子。谢谢整个五星级团队。

为了能够实现这样一个长期的项目，我也需要贴心的家人和朋友的支持。没有他们的支持，这一切都无法成为可能。

最后，谢谢一直以来一路上所有伙伴和赞助者。在此我说的是，无论是顾客、记者、供应商、谈话对象、老师、朋友抑或是“敌人”（如果有的话），简单来说就是所有人。

生活的每一分钟都对人产生深刻影响，通过学习，每一个经历都帮助我完成了这本书，这本你们现在拿在手上的书。

这个多米尼克·穆尔特如到底是谁?

——这里有答案!

关于作者

多米尼克·穆尔特如（生于1991年）被视为销售天才。他是彻彻底底的企业家、销售天才。在他十六岁的时候，商业报刊把他称为德国最年轻的市场总监。他作为旁观者站在企业的一边并陪伴其从起步到成功。

就他在高校，特别是在美因茨欧洲管理学院的工作来说，他已是德国最年轻的高校讲师之一。他的客户有BP 欧洲、邓禄普、欧唯特贝塔斯曼集团（Arvato Bertelsmann）、达沃丰公司（Vodafone & Co）。同样的，他为中小型企业像Xenium AG或者德科普提供关于品牌管理在策略上和实际问题上的帮助。穆尔特如支持简明、创新、大胆的看法和具有说服力的营销诀窍。

所有愿意浏览此书的人，可以根据关键词的指导，选择您想看的地方。也可在此找到已经看过的内容。

索引